中國近代歷史城市指南

City Guidebooks of Modern China:

Suzhou Section II

蘇州篇（二）

導論

巫仁恕｜中央研究院近代史研究所研究員

　　明清以來，蘇州向來是江南的旅遊重鎮，民國後坊間出版了許多蘇州指南的手冊書籍，這種現象反映了蘇州旅業的發展，而內容也呈現了蘇州城市的變遷。本套書收錄五種版本的蘇州指南，在此介紹此該書的作者與內容，並分析這類文本的特徵。

1. 陸鴻賓編著，顏大圭審定，《旅蘇必讀》（蘇州：吳縣市鄉公報社，1922）[1]

　　編著者陸鴻賓（1854-?），字璇卿。光緒4年（1878）吳縣縣學附生。長元吳公立師範傳習所畢業生。長洲縣城內文一二圖董事，長洲縣十五都區董，宣統2年（1910）當選長元吳三縣城議事會議員。民國時歷任吳縣金墅鄉董、吳縣學務委員、上海模範監獄會計科科長等職。編有《虎邱山小志》、《旅蘇必讀》。[2] 從該書的三篇〈序言〉可以看到該書編輯出版的背景與動機。李伯蓮的〈序〉就說四方來蘇州的遊人頗多，但「郡志一書，龐然巨帙，殊

1　　感謝中央研究院近代史研究所林志宏教授慷慨贈送之電子檔案。
2　　參見夏冰，《蘇州士紳》（上海：文匯出版社，2012），頁244。

不適旅行之用。」顏忍公的〈序〉更指出，「坊肆間出售
之蘇州指南等等，又皆略而不詳，錯漏百出，未足為旅行
之助，論者惜之。」作者的〈自序〉則說：

> 東西各國，通都大邑，無不有專書紀述，為過客之
> 指南。上海歐化，開通獨早，指南一書，久已通
> 行，出版已十餘次，出書已數萬冊。吾蘇為省會之
> 區，名勝古迹，指不勝屈，而於旅行指南一書，尚
> 賦闕如。[3]

　　顯然作者編輯此書就是為提供旅客遊覽的指南，而且
是受到上海指南的影響。再者，從上述這些序言裡也可以
看到，早在此書之前蘇州已經有所謂「蘇州指南」的書
籍，只是內容很簡略。其所指涉的，大概就是下文提到由
朱揖文撰寫的《蘇州指南》最初版。本書的內容遠比《蘇
州指南》來得豐富，全書分四集，首集內容包括名勝古蹟
風景圖畫、歷史沿革、田賦物產、名勝古蹟、風俗雜考。
第二集內容有蘇州街巷地名、政府機構、電郵資訊、交通
價目、宗教與各行業。第三集記錄律師與訴訟、醫生與醫
院、旅社、戲院、菜館與書場等娛樂場所。四集則是地名
巧對、竹枝詞、歌曲、諺語解釋與補遺等等。

3　　《旅蘇必讀》，頁 19。

2. 鄭逸梅，《最新蘇州遊覽指南》（上海：大東書局，1930年3月初版），213面附圖。

鄭逸梅（1895-1992）係著名的作家，出生於上海江灣。本姓鞠，父營米業，三歲時卻因鄰居失火波及其家室，以致貧無立錐，只得倚靠外祖父為生，並改姓鄭。外祖父原籍安徽歙縣承獅村，洪楊之役後避難來到蘇州，營南貨業，逸梅遂居蘇州。逸梅考入蘇州長元吳公立第四高等小學堂、江蘇省立第二中學。1917年與趙眠雲、姚蘇鳳等人組織了「星社」，成為蘇州1920年代最有影響的文學團體。在蘇州期間，鄭逸梅一直擔任號稱全國三大報《申報》、《新聞報》、《時報》的特約撰述，並獲得「補白大王」之稱。1927年加入上海影戲公司擔任編劇工作，從此定居上海。1930年參加南社。[4] 鄭逸梅除了寫作就是教書，先後任教過上海多所著名中學。鄭逸梅一生從事寫作，以字數計算，作品超過一千萬，僅單行本著作就有六十餘種。本書內容分〈概說〉、〈名勝〉、〈交通〉、〈食宿遊覽〉、〈機關〉、〈清遊小志〉等七章。書前有蘇州地圖一幅，凡例及照片多幅。最特別的是〈清游小志〉，占全書的四分之一，是作者自己撰寫的蘇州遊記。[5]

---

[4] 鄭逸梅之自傳，參見網路資源：http://blog.sina.com.cn/s/blog_b42cd8460101b5y0.html。

[5] 現今關於他的合集或選集中，並無此書，但據其所撰之〈敝帚小識〉一文，曾云1930年時，上海大東書局主人請託周瘦鵑來邀他編撰《蘇州游覽指南》與《杭州游覽指南》二書，他決定只

3. 朱揖文原著、范煙橋重修、費善元校正，《蘇州指南》七版增訂（蘇州文新印刷公司，1931）共一冊，附圖。

本書的最初版本是在1921年5月印刷，應是現今已知出版時間最早的蘇州指南。最初作者朱揖文完成該書後所冠的書名是《游蘇備覽》，在出版時才改為《蘇州指南》；[6]而且之後再版過至少十次。[7]朱揖文的生平雖然並不甚清楚，但是幫此書寫序言的唐忍菴等人，[8]以及日後版本的重修者范烟橋，[9]都是蘇州著名的文人。如初版

担任前書的編撰。參見鄭逸梅，〈敝帚小識〉，收在中華書局編輯部編，《學林漫錄》第八集（北京：中華書局，1983），頁245-246。

6　該書收錄最初諸版本的〈序〉，其中最早的是唐忍菴所撰，文中有「朱揖文先生於是有《游蘇備覽》之輯」一語，可見最初書名應為《游蘇備覽》。1923年版有王幹生〈序〉，也說：「前年有《游蘇備覽》之發行，唐子忍菴顏之曰《蘇州指南》。」可見是唐忍菴將書名改為《蘇州指南》。

7　目前已知的版本如下：1、中華民國10年5月初版；2、中華民國12年3月再版；3、中華民國14年3月三版；4、中華民國15年3月四版；5、中華民國17年4月五版；6、中華民國18年10月六版；7、中華民國20年5月七版；8、中華民國23年1月八版；9、中華民國24年2月九版；10、中華民國25年9月十版。

8　唐奇（1901-1970），字潤涵，又字忍庵，忍安，別署惹云，江蘇太倉人。南社成員之一，曾擔任過《思益旬刊》副刊編輯、太倉縣議會及商會秘書，著有小說《苦命鴛鴦》、《分飛燕》，以及旅游指南《蓉湖探勝記》等。參見網路資源如下：http://www.dfzb.suzhou.gov.cn/zsbl/1181627.htm。

9　范烟橋（1894-1967），乳名愛蓮，學名鏞，字味韶，號烟橋，吳江同里人。清宣統3年（1911）入蘇州公立第一中學堂（草橋中學），結識顧頡剛、葉聖陶、鄭逸梅等文學同好，始作詩詞。辛亥革命期間回鄉，參加南社結識了陳去病、柳亞子等人。1912年入杭州之江學堂，次年改入南京民國大學。1922年隨父遷居蘇州，期間常為上海各報副刊及雜誌寫稿，創作長篇小說《孤掌驚鳴記》。後執教於上海正鳳中學、持志大學、蘇州東

中有唐忍菴的〈序〉，指出該書作者「探幽陟險，援古證今」，編輯此書是專門提供不遠千里而來的遊客，明瞭蘇州名勝由來的知識。在體例上分別有〈風景攝影〉、〈正編・名勝〉、〈附編・雜記〉三部分，並附有〈蘇州城廂全圖〉一幅。正編名勝包括留園等 28 處名勝介紹，附編的內容更廣，如沿革與鄉鎮、水陸交通、各類機構（公署、學校、醫院、郵局）、民間組織（會館、同業公會）、各行各業（律師、醫生、工廠、公司、印刷、金融等）、旅遊娛樂相關（旅館、菜館、茶館、照相館、浴室、著名產物、娛樂場所）、食譜等。此書內容精簡，卻可以一而再、再而三地增修改版，堪稱是蘇州的指南書籍中最為暢銷的一種。

4. 尤翔著，《新蘇州導游》（蘇州：文怡書局，1939）。

作者尤翔，原名尤志庠，字玄甫，亦作玄父，號墨君，別署黑子，室名捧蘇樓，他也是南社的社員，交友頗廣；著有《碧玉串》、《新蘇州導遊》、《捧蘇樓墨屑》等等，又與蔣箸超、張閬飛等合作《古今小說評林》。他先後在衢州師範學校、台州地區的海門（又作臨海）第六中學、紹興稽山中學、杭州師範學校、上海浦東中學等處

吳大學附中，並主編刊物。1930 年代，常與包天笑約寫彈詞，後與影劇界接觸，為上海的電影公司創作歌詞與改編劇本。參見尹占群主編，《蘇州近現代名人及遺跡》（北京：新華書店，2013），頁 192。

從事語文教學。[10] 在抗戰初期，他從浙江回到故鄉蘇州，編輯了這冊導遊書並在當地出版。[11] 作者在〈序〉裡指出其所以撰此書，乃是受人之託，即出版者文怡書局的主人周文達所請。而他強調該書與過去的遊記、方志皆不同：「蓋地方指南之書，所以備遊人手此一編，可以按圖索驥，藉省導遊者口講指畫之勞。」而書成之日是1938年冬，此時蘇州已淪陷半年餘。[12] 全書除〈附錄〉外，共有11章，分別如下：〈蘇州概說〉、〈游程提要〉、〈附郭之游〉、〈城北之游〉、〈城中之游〉、〈城南之游〉、〈木瀆　靈巖山　光福〉、〈天平山　支硎山　天池山〉、〈甪直唐塑〉、〈勝遊志餘〉、〈起居飲食與娛樂〉等。此書雖成於抗戰初期，但內容所述有許多反映的是戰前蘇州旅遊發展的榮景，如關於旅遊行程與景點的擴大；而部分又是呈現戰亂淪陷後的蕭條，如關於旅館數量的記載。

5. 上海大中輿地學社出版，《最新蘇州指南》（蘇州：大公書局發行，1948）

本書並未列作者名，整本書的正文僅有32頁，只占全書的一半，另外一半幾乎都是廣告。內除附有〈城內名

10　陳玉堂編著，《中國近現代人物名號大辭典》（杭州：浙江古籍出版社，2005），頁92。

11　參見黃惲，〈尤墨君與《新蘇州導游》〉，《蘇州雜誌》，2013年第1期，頁63。

12　《新蘇州導游》，頁103。

勝圖〉、〈虎邱名勝圖〉與〈郊外名勝圖〉三幅之外，全書正文記載蘇州各處名勝，還附有風景照片作插圖。至於交通、郵電、各行業等相關資訊，此書則完全沒有記錄。甚至關於旅館，也只非常簡略地說：「在城外廣濟橋、橫馬路一帶。在城內觀前街、北局、大井巷各處。」[13] 比起上述它種的指南書籍，顯然是輕薄短小。此書出版的時間雖是抗戰勝利後，但書末提到：「本書原擬記載車輛價目，以便遊人不致枉費，但因物價波動，難於肯定，放除去之以減麻煩。」[14] 由此反映了戰後通膨嚴重的現象。此外，筆者推測本書的內容所載之旅遊景點，也可能有不少記載反映的是抗戰後期的現象。

　　上述五種始於1920年代發行的蘇州指南，有其共通的特徵。首先是這類指南書籍出版的動機，都是為了提供外地遊客到蘇州旅遊時「按圖索驥」之用，這是過去蘇州前所未見的新式書籍。雖然在晚明就可以看到旅遊手冊的出版，但是至今也僅能見到杭州西湖一地的遊覽手冊，其它城市則無此類書籍出版，即使蘇州雖已是江南的旅遊重鎮，而且有不少地方志的編纂，卻仍未見旅遊手冊出版。[15] 所以此類書籍的出版與流行，是蘇州前所未見的。

13　《最新蘇州指南》，〈導游〉，頁275。

14　《最新蘇州指南》，〈附言〉，頁322。

15　巫仁恕、狄雅斯，《游道：明清旅遊文化》（台北：三民書局，2010），頁20-22；關於晚明杭州旅遊手冊的研究，參見馬孟晶，〈名勝志或旅遊書——明《西湖遊覽志》的出版歷程與杭州旅遊

其次，這類書籍的出現其實有很大的程度是受到上海的影響。在《旅蘇必讀》作者的自序裡，就明白指出是看到上海的旅行指南出版興盛，因而反思撰寫蘇州旅行指南的必要性。再就出版印刷而言，上述五種指南中除了在蘇州本地出版印刷之外，還有的是上海市的書局或出版社所印行者，如鄭逸梅的《最新蘇州遊覽指南》，可見上海的影響力；同時也可據此推測，赴蘇旅行的遊客中來自上海者應占有很大的比重。

第三，從使用或閱讀的實用性與普及程度來看，《蘇州指南》已再版過至少十次，充分說明了該書受歡迎的普及程度。再如印刷出版《旅蘇必讀》的是吳縣市鄉公報社，據該報社自稱其特色，其一是該報信用卓著，在蘇城的政府機構、學校與各大實業家，「無不置一編，先睹為快。」其一是該報流通甚廣，遠及國內外，且普及內地吳縣二十市鄉，「雖窮鄉僻壤，莫不有本報蹤跡。」此外，在該書裡的老蘇台旅社的廣告詞，還聲稱備有《旅蘇必讀》此書，俾旅客翻閱。[16] 看來該書的確有相當程度的發行量與普及性。又如出版《（最新）蘇州遊覽指南》的上海大東書局，從該書末頁還可以看到該書局廣告其所印行其它地區的遊覽指南，可見這方面是該書局發行的重心。[17] 我們再從當時知識分子的一些記錄，可以看到這類

文化〉，《新史學》，24卷4期（2013年12月），頁93-138。

16　《旅蘇必讀》，正文前之廣告頁。

17　包括：凌善清編《怎樣的游西湖》、周瘦鵑編《湖上》、凌善

指南書籍被使用的狀況。如周黎庵著〈半小時訪章記〉一文中，提到其和一群友人在1935年到蘇州拜訪章太炎，隨身即攜帶《蘇州指南》一書。[18]

第四，這類指南書籍都有關於蘇州旅行交通的記載，尤其顯見鐵路的角色非常重要，同時也反映蘇州遊客的來源。例如《旅蘇必讀》、《最新蘇州遊覽指南》與《蘇州指南》內容涉及交通的部分，往往將鐵路運輸置於交通項目之首，且將上海發車火車時刻列於最先，由此反映來自上海的遊客是旅遊蘇州的最大宗。

上述五種蘇州指南因為係通俗讀物，無論海內外圖書館典藏者並不多。此次重新排版印行，讓當代的讀者再次感受到蘇州古都的歷史與其過往旅遊的盛況。

（說明：本文主要內容係根據巫仁恕，《劫後「天堂」：抗戰淪陷後的蘇州城市生活》〔臺北：國立臺灣大學出版中心，2017〕一書之「附錄」改寫而成。）

清編《西湖叢話》、顧明道編《西湖探勝記》、方繼之編《新都遊覽指南》、《普陀山遊覽指南》等。

18　周黎庵，《鐵門集》（出版地不詳：庸林書屋，1941），頁42。

編輯凡例

一、本套叢書收錄近現代中國各地城市指南、市民手冊、工商手冊等，由中央研究院近代史研究所城市史研究群徵集、輸入，本社校對並重新排版，如有錯誤，概由本社負責。

二、本書儘量採用原徵集各書之文字，不以現行通用字取代古字、罕用字、簡字等。惟原徵集各書多數並無標點，或有句無讀，本版另加現行標點符號，以方便閱讀。

三、原徵集各書書內廣告頁，為不影響閱讀流暢，集中於各書之末。書中因印刷不清楚或無法辨識之文字，以█標示。缺頁、缺圖等則以〔 〕加註。

四、以上若有未盡之處，敬祈方家指正。

中國近代歷史城市指南

City Guidebooks of Modern China:
Suzhou Section

蘇州篇

蘇州指南　七版增訂（1931）

序一

目極天南未息烽，避人無計覓仙蹤；連天蜀道何嘗險，平地風波險萬重。此余登惠嶺作也。儘有清泉肯洗愁，坐觀雲起感沉浮；山人猶說龍噓氣，誰遣洪濤撼岳樓。此余登雲起樓作也。樂哉遊乎，世事如斯，桃源何處，塵寰多刼，人壽幾何，富貴浮雲，林泉樂志，司馬子長，柳子厚洵，千秋朋哲哉，梁谿山水，余既言之詳矣。今請更言吳下，彼巍然高者，天平、穹窿、靈巖諸峯，則有懸崖，忽裂峭壁千尋，令人思盤谷遺風，而作入山想矣。彼窈然曲者，留園、怡園、拙政園、滄浪亭，則有奇石蘚苔、落花流水，令人賡小園之賦，而徘徊不忍去矣。彼疎然雅者，獅子林、可園，則有曲徑通幽，春波漲綠，令人得靜觀之趣，而厭膏粱錦繡矣。彼悠然遠者，虎邱、寒山寺，則有浮圖古寺，梵韻鐘聲，令人超然物外，飄飄乎有遺世之意矣。春則梅花如雲，夏則荷葉流珠，秋則楓樹搖紅，冬則寒山負白，四時之景不同，而樂亦無窮也。樂哉游乎，樂不思歸矣。然而過客非素識，也有不遠千里來者，撫石茫然知其妙而不知其所以妙，遊人之不幸，抑亦湖山之不幸。朱揖文先生於是有游蘇備覽之輯，探幽陟險，援古證今，有如老馬管子資焉，有如南鍼黃帝賴焉，嘉惠後來，夫豈淺鮮。湖山有靈，當謝朱先生賜矣。朱先生洵湖由知己哉。

辛酉仲夏唐忍菴識於無二三齋

序二

　　吳中山不高水不奇，而名勝冠東南四方之。游者好以蘇杭並稱，杭有西子湖耳，湖固嫵媚，環湖而列者，若山、若寺、若堤、若浮屠，蘇不以湖為主，故一瀕湖而諸勝在望。蘇則不然，繞郭數十里，咸有勝迹可尋，眾阜錯落若棋局，吳宮花草半在榛莽間，而鄧尉、穹窿、洞庭諸山且有遠至五、六十里之外者，欲遍探之，誠大難事。吾師揖文先生，旅蘇久駸駸乎蘇人矣，彼其餘年來游屐之所經，或勝生於蘇而長於蘇者，而訪古問俗者所感之困難，彼殆一一親歷之。前年有游蘇備覽之發行，唐子忍菴顏之曰，蘇州指南，詢以故，曰先生非識途之老馬乎，是編也，非志乘、非游記，備瀏覽之效力，小供指導之功用，鉅然則造之指南，烏乎不可。先生笑而是之，今再版矣。游蘇者按圖索驥，不啻瀕西子湖而諸勝在望焉。余亦有待於指南者，故樂為之序。

　　　　　　　　　　　中華民國十二年三月王幹生

序三

夫我國自五千年以來，土地縱橫有九萬之里，蠢蠢而生懵懵而死者不知凡幾，雖一草一木、一景一物莫不小事變遷，追景思物何天地之造化不同耶。我江南之邦，物產豐富，獨流傳迄今。當推吳地一隅，如山明水秀、人傑地靈、名勝古跡猶多他方，然則天然之景物雖人之所造，亦天之所化焉。迨革軍奠定以來，能將我蘇之古聖賢哲碑墓遺跡靡不為之保存修葺，吳中乃有古物古墓保管會之組織，誠千古之快事。近者道路之拓寬、橋樑之改建，一絲一縷無不力求精美。余嘗讀蘇州府志，名跡古賢載之甚夥，若欲備以參考未免以掃我人之遊興焉。故文新公司有蘇州指南之問世，雖一冊之末已可披載不遺，加之年復改刪，以供遊者之按圖索驥，豈非勝於問道之瞽者耶。況今七版於茲，其中如姑蘇之寒山、山塘之虎阜、木瀆之靈巖、光福之鄧尉、滸關之陽山、東西之洞庭，多詳而附有小記。若金門梅邨之典型，歐美留園獅子林之天然風趣，猶跳躍在我人之眉目間也。他若護龍街、景德路、觀前街等之拓寬整刷，元妙觀將建造商場之後日，三清殿改建中山堂之今日，上述種種莫不一一誌之。我曰遊者可為史乘讀之，勿以閑書目之，則無乃小視焉。

民國二十年四月
蛟川何兆慶識於吳門夢影室

重修蘇州指南贅言

　　蘇州指南所以便來遊者之按圖索驥，故於政治人文略而不備，於食宿遊覽詳焉。惟恐其有遺且時易境遷，往往有不得其門而入者，則必時加修改而不能一成不變也，明矣。文新公司之印蘇州指南已五版，今復謀重版，以修改之事相諈，余以蘇州山水清嘉人物俊麗，雖以海上陸離光怪而久居於彼中，輒思一遊此清曠之地，蓋如久啖珍羞便覺蓴羹鱸膾之可喜，則此一編之刊為已來者作識途之馬，為未來者作導游之車，卽在蘇言蘇，亦可於此中覘社會進退之跡，豈可瓴覆糊壁視之哉。惟掛一漏万之病，與夫朝更夕改之苦，還望讀者加以原諒耳。

中華民國十七年一月
吳江范烟橋

六版蘇州指南略言

蘇州指南重復再版，今六版於茲矣。所有增删漏遺在所難免，若今者如古跡名勝之修存、街衢道路之拓寬、大小橋樑之重建、如青樓歌妓之廢禁等等，當局革弊添新不遺餘力，市容振刷謂之煥然一新，若四方來游者不免感有光怪陸離之慨。敝公司有鑒于斯，乃以再行重版，以備游者俾資按圖索驥，所有在當局申令禁止變更條例內者，當以次序付闕之，並以略述言焉。

中華民國十八年十月

校者費善元　何兆慶謹識

蘇州指南七版增訂概言

吳中繞郭數十里，山明水秀雖遠不若西子湖濱之譽馳遐邇，而凡滄浪、虎邱、鄧尉、穹窿諸勝皆咸有名迹，故每春光明媚百花競放時，四方來游者竟不辭長途之跋涉，聯袂屆葳頗不乏人。文新公司有是書之輯，其所以便來游者手此一卷，俾資按圖索驥如獲識途之老馬，良有以也。流光指彈，六版增訂于十八年冬，轉瞬迄今又越二載。于茲於此二年中，古迹名勝之存毀、街衢之修葺拓放、商業之盛衰興替等，當不得不以次修改之。惟於增刪校勘間遺漏謬誤之處，仍為在所難免，尚希讀者之加以諒宥也。

中華民國二十年五月

校者武進費善元謹識

目錄

風景攝影

正編　名勝

附編　雜記

附圖　蘇州城廂全圖

風景攝影

虎邱憨憨泉

虎邱冷香閣

正編　名勝

留　園

　　在閶門外五福路，俗稱留園。馬路距火車站五里，馬車資四角，人力車資二角。距閶門馬路里許，馬車、人力車直達可通該園，為盛氏私產。族中分柝爭訟前被國府查封在案，現由縣府保管。入園門票大洋一角。民國十七年園之東首新闢蘇州遊藝場，即名「蓬萊世界」，內中佔地頗廣，京劇、電影、新劇、化裝、灘簧、魔術等等盛極一時。

　　園為明徐冏卿太儀秦時東園故址，曩稱花步里。清嘉慶初，劉蓉峯觀察恕建築之，名曰寒碧山莊，人稱之曰劉園。光緒二年歸常州盛旭人方伯康所有，曰留園。園之中部，為涵碧山房，署曰胸次廣博天所開，楹有張之萬聯：「卅年前曾記來遊，登樓看雨，倚檻臨風，俛仰已成今昔感；三逕外重增結構，引水通舟，因峯築榭，吟歌長集友朋歡。」全椒薛時雨聯：「迆邐出金閶，看青蘿織屋，喬木干霄，好樓臺舊址重新，儘堪邀子敬重游，元之醉飲；經營參畫稿，鄰郭外楓江，城中花塢，倚琴樽古懷高寄，猶想見寒山詩客，吳會才人。」左旁之屋曰恰杭（杭與航通取，杜甫舒航恰受兩三人句義），庭西有石直立，曰濟仙石，以其形似濟顛故稱之。前臨荷花池，中有金魚鴛鴦。池之西北，皆疊石成山，植樹其上。桂樹叢雜中有軒一，署曰聞木犀香軒。鄭文源聯：「奇石盡含千古秀，桂花香動萬山秋。」山之頂有亭曰

可亭，山之陰有半野草堂。鄭文源聯：「園林甲天下，
看吳下遊人，載酒攜琴，日涉總成彭澤趣；瀟洒滿江南，
自濟南到此，疏泉疊石，風光合讀涪翁詩。」池之東有
軒，署曰清風起兮池館涼。池之南有軒，署曰綠蔭。池
之中有亭，署曰濠濮想。周有長廊，壁間多嵌石刻。

　　以東有枬木廳，額曰藏修息游。庭有疊石，勢極雄
偉，石亦玲瓏。園主人聯云：「歷宦海四朝身，且住為
佳，休孤負清風明月；借他鄉一廛地，因寄所託，任安
排奇石名花。」廳之角有亭，署曰佳晴喜雨快雪，中有
靈碧石作檯，石本磬材，叩之有聲。廳北有屋署曰花好
月圓人壽，左有揖峯軒，曰石林小院，其對面之屋，署
曰洞天一碧。東園由揖峯軒入，有高大之湖石三座，巋
然兀立，中曰冠雲峯，最高，左曰岫雲峯，右曰瑞雲峯，
次之，下有冠雲沼，金魚活潑，南有四面廳，額曰奇石
壽太古。張之萬敍云：「相傳前明東園久廢，惟湖石一
峯，歷數百年巍然獨存，曩劉氏園中所未有也。」又俞
曲園冠雲峯贊（附後）楹有朱霆清聯：「此峯疑天外飛
來，歷刼飽風霜，夐絕塵寰誰伯仲；斯地為吳中最勝，
後堂饒絲竹，婆娑歲月若神仙。」又聯云：「勝地長留，
即今歷刼重新，共話縐雲來父老；奇峯特立，依舊干霄
直上，旁羅拳石似兒孫。」池之右有冠雲臺，署曰安知
我不知魚之樂。左有冠雲亭，聯云：「飛來乍訝從靈鷲，
下拜何妨學米顛。」北面有樓，署曰仙苑停雲。壁間嵌
歪尾光鱗魚化石，兩旁懸雲石極多，俱合畫意。此處有

仙鶴孔雀，玉闌叢桂，偏東一屋，為園主人當時參禪處。聯云：「儒者一出一入有大節，老僧不見不聞為上乘。」又俞曲園聯：「何處白雲歸，有鄉里古招提，步西郊不半日而至；前生明月在，是佛門新公案，言東坡於五戒後身。」南面有屋，題曰亦不二。

※ 俞曲園冠雲峯贊有序

盛旭人方伯買劉氏寒碧山莊而葺治之，名曰留園，園之旁有奇石焉，所謂冠雲峯也，方伯以善賈得之。張子青相國時撫三吳，手書奇石壽太古五字以贈，歲在辛卯，購地其前之隙地而築屋焉。嗟乎，此一石也，劉氏曩者不能有，而方伯始有之。方伯雖有之，歷二十餘年之久，而後此石始入於園中。自茲以往，長為園中物矣。相國所謂奇石壽太古，其驗於此乎。因為之贊以賀其遭，其詞曰：「留園之側，有奇石焉，是曰冠雲，是銘其鑴，胚胎何地，位置何年。如翔如舞，如伏如跧，秀逾靈碧，巧奪平泉，留園主人，與石有緣，何立吾側，不來吾前，乃規餘地，乃建周垣，乃營精舍，乃布芳筵，護石以何，修竹娟娟，伴石以何，清流濺濺，主人樂之，石亦欣然，問石何樂，石不能言，有客過此，請石代宣，昔年棄置，蔓草荒烟，今茲徙倚，林下水邊，勝地之勝，賢主之賢，始暌終合，良非偶然，而今而後，亘無遷古，願主人壽，壽逾松佺，子孫百世，世德緜延，太湖一勺，靈巖一卷，

冠雲之峯，永鎮林泉。」（光緒壬辰仲夏）

自四面廳前廳西行至又一村，旁有屋，署曰少風波
處便為家。逕西行曰小蓬萊，園主人署云：「戊子秋，余
從東海觀政歸，適園西小築成山，層累而上，彷彿蓬萊烟
景，宛然在目，亦即名之曰小蓬萊也可。」此處有花房、
有蔬圃，過小蓬萊，即為園之西部別有天也。潘志萬聯：
「小園新展西南角，明月誰分上下池。」臨溪有閣，署曰
活潑潑地。面南處，署曰梅花月上楊柳風來。聯云：「水
轉桐溪約秋禊，路尋花步賦春遊。」西部佳勝處，在有邱
陵、有小溪，邱有樹，溪有荷，尤適於長夏。邱之上有亭
二，一曰至樂、一曰月榭星臺。又署其房曰，其西南諸峯
林壑尤美，以上方、獅子、天平、靈巖、諸峯，一登斯
邱，靡不歷歷在目故也。前有草地曰射圃。

※ 俞曲園留園記

出閶門三里而近，有劉氏之寒碧莊焉，而問寒碧莊無
知者。問有留園乎，則皆曰有。蓋是園也，在嘉慶初
為劉君蓉峯所有，故即以其姓姓其園，而曰劉園也。
咸豐中余往遊焉，見其泉石之勝，花木之美，亭榭
之幽深，誠足為吳下名園之冠。乃庚申辛酉間大亂荐
至，吳下名園，半為墟莽，而閶門之外尤甚。曩之闤
城溢郭，塵合而雲連者，今則崩榛塞路，荒葛冒塗。
每一過之，故溪新術，輒不可辨。而所為劉園者，則

歸然獨存。同治中余又往遊焉，其泉石之勝，花木之美，亭榭之幽深，蓋猶未異於昔。而蕪穢不治，無修葺之者，兔葵燕麥搖蕩於春風中，殊令人有今昔之感。至光緒二年為毗陵盛旭人方伯所有，乃始修之平之，攘之剔之，嘉樹榮而佳卉出，奇石顯而清流通，涼台燠館，風亭月榭，高高下下，迤邐相屬。春秋佳日，方伯與賓客觴詠其中，而都人士女，亦或挈裳連襼而往遊焉。於是出閶門者，又無不曰劉園、劉園云。方伯求余文為之記，余曰仍其舊名乎，抑肇錫以嘉名乎。方伯曰否否，寒碧之名至今未熟於人口，然則名之易而稱之難也，吾不如從其所稱而稱之。人曰劉園，吾則曰留園，不易其音而易其字，卽以其故名而為吾之新名。昔袁子才得隋氏之園，而名之曰隨，今吾得劉氏之園，而名之曰留，斯二者將無同。余歎曰美矣哉斯名乎，稱其實矣。夫大亂之後，兵火之餘，高臺傾而曲池平，不知凡幾，而此園乃幸而無恙，豈非造物者留此名園以待賢主乎。是故泉石之勝，留以待君之登涉也；花木之美，留以待君之攀玩也；亭榭之幽深，留以待君之游息也。其所留多矣。豈止如唐人詩所云但留風月伴烟蘿者乎，自此以往。窮勝事而樂清時，吾知留園之名，長留天地間矣。因為之記，俾後之遊吳下名園者有所考焉。（光緒二年冬十月）

西　園

　　在留園西，自閶門去，馬車資四角、人力車資一角零、園資半角、茶資每壺一角。

　　西園者，西園戒幢律寺之放生池在焉，故先言寺，次言園。寺之故址，為明徐太僕西園，子工部溶捨為復古歸原寺，崇禎八年興建，改曰戒幢律院，清咸豐十年燬。今僧廣慧集貲重建，名曰西園戒幢律寺。寺中大殿羅漢堂藏經樓方丈室、齋堂等咸備，金剛殿亦已落成，大殿前有池，池畜黿。

　　園在寺之西，其入門處，署曰西園一角。旁有聯：「西已稱竹栽花，培心培地；園則放生育物，養性養天。」園中勝景以放生池為最，東西架曲橋，以通池心之亭，亭之額曰月照潭心。聯云：「聖教名言，獨樂何如同樂；佛家宗旨。殺生不若放生。」池內多魚多黿，游者每以餅餌投之，麕集可觀。池西有軒，臨水爽愷。池東有四面廳，頗寬敞。河內寶鎮山聯：「地拓三弓，喜几淨窗明，柳眼花鬚齊掩映；塘開一鑑，看鳶飛魚躍，山光雲影共徘徊。」上海陸雲蓀聯：「三吳選佛場，此處居然能結構；百族消刼運。上天無處不慈悲。」天台劉文玠聯：「最難得過來人，相逢香火有緣，卽色卽空，正婆娑春夢一場，蘇臺歸鳥；何處尋乾淨土，大好園林無恙，宜晴宜雨，却彷彿西湖三月，花港觀魚。」又應時雨聯：「大江東去浪淘沙，試問江上青山，年年

常住江頭，曾記否六朝時四百八十梵宇；鉅苑西開金現粟，最喜苑中綠水，處處倒涵苑景，能救得一池間萬千億兆生靈。」此外園中佈置，有田圃壘石等，頗雅好。

寒山寺

　　在楓橋，距城七里餘，從閶門起馬車資四角、人力車資二角零、茶資酌給。

　　寺起於梁天監間，舊名妙利普明塔院，宋孫承祐重建塔七成，今已莫知其跡。明嘉靖間鑄巨鐘，建樓置之，寺燬於清咸豐十年。其稱寒山寺者，相傳寒山拾得曾止此，故名。唐人張繼張祐嘗卽其處作詩紀游，而寺之名遂著。秋燈叢話，王漁洋至楓橋，夜已昏黑，風雨雜沓，攝衣着屐，列炬登岸，逕至寺門，題詩二絕，一時以為狂云。今寺為雲陽程德全集貲重建，落成於辛亥六月，署其門曰妙利宗風，內有文徵明唐寅所書石碑，殘毀不完，嵌於壁間，寺僧揭以售人。旁立俞曲園補書張繼楓橋夜泊詩碑，碑陰敍曰：「唐張繼楓橋夜泊詩，膾炙人口，惟次句江楓漁火四字，頗有可疑。宋龔明之中吳紀聞，作江村漁火。宋人舊籍可寶也，此詩宋王郇公曾寫以刻石，今不可見。明文待詔所書亦漫漶，江下一字不可辨，筱石中丞屬余補書。姑從今本，然江村古本不可沒也，因作詩附刻，以告觀者。」詩曰：「郇公舊墨久無存，待詔殘碑不可捫；幸有中吳紀聞在，千金一字是江村。」近康南海書絕詩一首，又立碑於旁，詩曰：「鐘

聲已渡海雲東，冷盡寒山古寺楓；勿使豎干又饒舌，他人再到不空空。」又跋云：「庚申二月廿五日，偕韓微君文舉同游吳下楓橋寒山寺，則唐人鐘已為日人取去，故吾於龍壽山房善繼血書華嚴經，亟保存之。臨風感慨題詩。康有為。」殿正中有碑鑴寒山拾得像，俗稱和合是已。兩旁壁上，環列碑刻，為寒山子詩三十六首，即閻邱允錄於寒巖竹木石壁間者，又韋蘇州等詩十數首。楹有程德全聯：「遶跡笑豐干，從知舌粲蓮花，地近虎邱曾講法：宗風傳刺史，幸得詩鈔貝葉，刧餘龍壽共藏經。」陸潤庠聯：「近郭古招提，毗連澥墅名區，漁火秋深涵月影；傍山新結構，依舊楓江野渡，客船夜半聽鐘聲。」又陸鍾琦聯：「踏春西去，傍十里橫塘，水木湛清華，曾移茂苑扁舟，訪吳銅造像，梁塔殘甎，古跡重搜，余亦北平人，濡筆擬賡翁氏記。生佛南來，振千年名剎，池臺新結構，補此天台眞相，與詩詔遺新，解元妙疏，墨花爭揭，客歸東海滋，行螣宛載米家船。」舊鐘為日人取去，近年日人摹鑄一鐘，歸還本寺，懸殿之右室內。殿後芥舟大覺樓及迴廊等，均亟待修葺。

※ 唐張繼楓橋夜泊

月落烏啼霜滿天，江楓漁火對愁眠；
姑蘇城外寒山寺，夜半鐘聲到客船。

※ 張祐楓橋

長洲苑外草蕭蕭，却算游城歲月遙；
惟有別時今不忘，暮煙疏雨過楓橋。

※ 韋應物宿寒山寺

心絕去來緣，跡住人間世；
獨尋秋草逕，夜宿寒山寺；
今日郡齋閒，思問楞嚴字。

※ 皎然聞鐘

古寺寒山上，遠鐘揚好風；
聲餘月樹動，響盡霜天空；
永夜一禪子，冷然心境中。

※ 張師中游寒山寺

吳門多精藍，此寺名尤古；
距城七里餘，冠蓋日旁午；
斜徑通採香，遠岫對棲虎；
寺扉橫野橋，塔影落前浦；
霜樓鳴曉鐘，夕軒軋雙櫓；
方丈中有人，學佛洞禪語；
跡忙心已閒，道樂行彌苦；
不為喧所遷，意亦靜為主；
何必深山中，峯巒繞軒戶。

※ 程師孟寒山寺

門對雲山畫不如，師今一念六年居；

邇來寺好尤瀟灑，張繼留題內翰書。

※ 游楓橋偶成

晚泊橋邊寺，迎風坐一軒；

好山平隔岸，流水漫過門；

朱舫朝天路，青林返郭村；

主人頭似雪，怪我到多番。

※ 孫覿與溫老

閶闔層城外，寒山古道西；

若人具隻眼，與佛拍肩齊；

白浪噴鷁首，黃塵送馬蹄；

憧憧南北路，一榻有高樓。

※ 高啟賦得寒山寺送別

楓橋西望碧山微，寺對寒江獨掩扉；

船裏鐘催行客起，塔中燈照遠僧歸；

漁村寂寂孤煙近，官路蕭蕭眾葉稀；

須記姑蘇城外泊，烏啼時節送君違。

※ 楓橋

　　畫橋三百映江城，詩裏楓橋獨有名；
　　幾度經過憶張繼，烏啼月落又鐘聲。

※ 王士正夜雨題寒山寺寄西樵禮吉

　　日暮東塘正落潮，孤蓬泊處雨蕭蕭；
　　疏鐘野火寒山寺，記過吳門第幾橋。
　　楓葉蕭條水驛空，離居千里悵難同；
　　十年舊約江南夢，獨聽寒山半夜鐘。

※ 沈德潛楓江夜泊

　　野宿隨寒雁，辭家第一宵；
　　星星漁火亂，知是泊楓橋。
　　柝響巳深更，隣舟人語歇；
　　不忍便寒眠，貪看故山月。

※ 蛟川何醉英游寒山寺偶占

　　行出蘇臺重行行，殘斷橋折石影影；
　　寒山普賢二僧幽，微聞鐘聲迎客遊；
　　趨步鐘樓瞻古墨，先賢碑石巧工鑴；
　　邇來蹉跎漫瀕跡，不若留居尤瀟灑。

※ 附寒山拾得考

唐貞觀時二高僧，一曰寒山文殊，一曰拾得普賢，不知何許人，居天台唐興縣寒岩，時往還國清寺，以樺皮為冠，布裘敝屨，人莫識之。閭丘胤出守台州，豐干禪師謂曰，到任須謁文殊普賢，在天台國清寺執爨洗器者，即此二人。閭丘訪之，見二人致拜，寒山笑曰，豐干饒舌。

虎邱山

距城七里，從渡僧橋北山塘街去，人力車來回五角，小快船全日約三元，膳另講。

虎邱山一名海湧山，高一百三十尺，周二百十丈，相傳吳王闔閭葬此，三日而虎踞其上，故名。又云闔閭葬時，以扁諸魚腸等劍三千殉焉，故池以劍名。兩崖劃開，中涵石泉，深不可測，李秀卿品為天下第五。唐顏真卿書虎邱劍池四字，石刻猶存。其右有陸羽石井，口方丈餘，四旁石壁，泉甘冽，石壁上鐫第三泉三字，為陸羽所品定者。前有大盤石，可容千人，名千人石。生公講臺，有李陽泳篆文四字，分刻四石，或云蔡襄書。臺下有白蓮池，周百三十步，生公說法時，池生千葉蓮花。池旁有點頭石，相傳生公講經，人無信者，乃聚石為徒，與談至理，石皆點頭。陸羽井之前有石觀音殿，內有石刻大字經典四十餘行，石碑環列，為宋名人所書，一人一行。其南為近年新建五楹之樓，曰冷香閣，

周植紅綠梅三百株。吳江陸恢聯：「榛莽一丸泥，賴名士題碑，英雄葬劍；梅花三百樹，有遠山環抱，高閣憑陵。」又張一麐聯：「高閣此登臨，試領略太湖帆影，古寺鐘聲，有如蓟子還鄉。觸手銅仙總淒異；大吳仍巨麗，最惆悵恨別禽心，感時花淚，安得生公說法，點頭頑石亦慈悲。」又南有擁翠山莊，為洪文卿鄭叔問朱修庭所建，近亦修葺，前曰抱甕軒。山右烏河田國俊聯：「香草美人鄰，百代豔名齊小小；茅亭花影宿，一泓清味問憨憨。」內有問泉亭、不波小艇、石駕軒等。正中三楹，曰靈潤精舍，額為俞曲園書，幷識云：「歲在甲申文卿閣學修庭觀察諸君訪得憨憨泉，遂築室其上，小坡孝廉以此四字名之。」洪文鈞聯：「問獅峯底事回頭，想頑石能靈，不獨甘泉通法力；為虎邱別開生面，看遠山如畫，翻憑刼火洗塵囂。」並敍云：「曩時虎邱磴道旁列肆連廛，喧闐囂雜，庚申之亂，一炬蕩然，而清曠之境出矣。甲申夏，同人既濬憨憨泉，登高攬遠，咸快瞻矚，爰臨泉構屋，以識勝概。獅子回頭望虎邱，蓋吳語也。」中有錢大昕書海湧峯三大字碑。道旁有試劍石，或云秦皇試劍，或云吳王試劍，蓋中分如截，取其形似而已。憨憨泉，梁時憨憨尊者遺跡。古眞孃墓，眞孃為吳之美人，今建亭於墓上。李祖年集吳夢窗詞句以為聯：「半邱殘日孤雲，寒食相思陌上路；西山橫黛瞰碧，青門頻返月中魂。」又古鴛鴦壙，現亦建亭，署曰長洲蠡口人倪士義，妻楊烈婦，崇禎十四年建。聯

云：「身膏白刃風猶烈，骨葬青山土亦香。」虎邱寺，在山最高處，由千人石登五十三級之石梯而入焉。寺中東南隅，築屋於石壁之上，曰望蘇臺，今曰小吳軒，仍其舊名也。龐國鈞識云：「按虎邱志，俱云小吳軒在虎邱雲岩寺東南隅，朱樂圃稱為小吳會，張氏名以天閒圖畫者也。今此軒久圮，而別有所謂望蘇臺者，訛傳為東坡作，殆以明胡纘宗建仰蘇樓，輾轉附會耳。」有塔七成，隋仁壽九年所建，塔基為晉司徒王珣琴臺。相傳建塔時，掘得古甂函，內有銀合，護舍利一粒，置水甌內旋繞呈祥雲。山之左斟酌橋下，有李文忠祠，其後園曰靖園，凡游山者每於此一休憩焉。沿山塘東，半塘橋附近下塘，龍壽山房中，藏有元僧繼善血書華嚴經八十餘卷，明宋濂有贊。

五人之墓

在山塘街虎邱附近，可於游虎邱時順道往觀。

墓在虎邱山塘，墓基卽普惠生祠，毛一鷺所建以媚人者，士大夫捐金斂葬於此，吳默題曰五人之墓，有張溥韓對碑記。墓中之五人，曰顏佩韋、楊念如、馬杰、沈揚、周文元，事在明天啟七年，周忠介公順昌觸怒魏閹，被逮時，士民數萬，為周公請命，旗尉厲聲以叱，衆逐之。巡撫毛一鷺為魏私人，以吳民亂請於朝，誅此五人。

※ 韓騏七律一首

英風颯颯繞迴塘，舊塚纍纍俠骨香；
一擊自同椎博浪，百身何異痛三良；
頭顱敢為忠臣惜，販負能增黨籍光；
變例春秋墓前碣，先人特筆凜嚴霜。

環秀山莊

在黃鸝坊橋東景德路，卽汪氏耕蔭義莊，須有人介紹方可入內。從閶門去人力車二角，園資不納，茶資酌給。

環秀山莊，有明申文定公時行宅，乾隆間刑部郎蔣楫居之，後歸太倉畢尚書沅，繼為孫建威伯宅，道光末歸汪氏。舊有飛雪泉，蔣恭棐為之記：「從弟方槎（楫之號）比部，新居廳事之東偏，為樓五種，以貯經籍，名求自。於樓後叠石為小山，畚土有清泉流出，迤邐三穴，或濫或汎，不纖不匱，合之而為池，酌之甚甘，導之行石間，聲瀄瀄然，因取坡公試院煎茶詩中字，題曰飛雪云。」自汪氏修葺後，署其堂曰環秀山莊，汪開祉聯：「風景自清嘉，有畫舫補秋，奇峯環秀；園林占幽勝，看寒泉飛雲，高閣涵雲。」俞曲園聯：「邱壑在胸中，看叠石疏泉，有天然畫本；園林甲吳下，願攜琴載酒，作人外清游。」顧文彬聯：「幽栖此日重逢，看峭壁垂雲，閒扶短策，明波洗月，淨灌蘭纓，水邊樓觀先登，更將秋共遠；俯仰十年前事，乍掃苔尋徑，傴僂

穿岩，撥葉通池，虛空倒影，眼底煙霞無數，都是昔曾
游。」并識云：「環秀山莊為孫補山相國故居，余昔年
曾賃廡於此，後歸平陽祠宇。庚申之變，頗有毀傷，秉
齋廉訪同年重加修葺落成於戊戌之秋，屬題楹帖，為集
張玉田詞句應之。」堂前疊石，地積極窄而洞壑岡巒，
迴環曲折，是正以少許勝多許者也。東偏之亭，署曰半
灣秋水一房山，西偏之亭曰問泉，北曰補秋舫。汪開祉
聯：「雲樹遠涵青，偏教十二闌憑，波平如鏡，山窗濃
疊翠；恰受兩三人坐，屋小於舟。」又汪惟韶聯：「隔
院聽黃鸝，最宜鳶尾花開，四壁凝香簾半捲；新醅浮綠
螘，恰好醒心泉澈，一罏飛雪酒初溫。」并識云：「是
園舊為有清孫補山相國舊宅，自後迭更其主，道光年間
始歸吾莊。園鄰黃鸝坊橋，庭植鳶尾一本，春來發花甚
盛，舊有飛雪泉淤塞已久，乃疏而通之，源流不絕，頗
有瀑布之觀云。」

遂　園

　　前門在墓家花園，後門在申衙前，卽園東飯店之
貼鄰，現其路名統稱為景德路。

　　園本清康熙間巡撫慕天顏所築，今通稱是處為慕
家花園者，實以是園相沿故。旋歸河南人紹興太守席
椿，其後畢尚書沅割其半，餘歸滇南劉氏所有，名曰
遂園。內有容閑堂、綠天深處、映紅軒、琴舫、逍遙
容與等室，皆臨池，池廣闊。夏時荷開極盛，池上架

小橋，曲折可過。近年開放，游人絡繹。

怡　園

　　園門在護龍街及尚書里內，往游者須得園主之許可，園資不納，茶資酌給。

　　怡園為顧子山方伯文彬所建，其結構之佳，非胸有邱壑者不能。觀俞曲園記，即可知是園之梗概矣。園內壁間石刻，多米書，楹聯多集前人詞句，皆園主人自作，曾刊行單本，為錄俞氏園記幷聯語於後。

※ 俞曲園怡園記

　　顧子山方伯既建春蔭義莊，闢其東為園，以頤性養壽，是曰怡園。入園，有一軒，庭植牡丹，署曰看到子孫。軒之東有屋如舟，署曰舫齋賴有小溪山，涪翁句也。其前三面環水，左則蒼松數十株，余摘司空表聖句，顏之曰碧潤之曲古松之陰。其上有閣曰松籟，憑檻而望，郭外西山隱隱見眉嫵矣。繞廊東南行，有石壁數仞，築亭面之，名曰面壁。又南行，則桐蔭翳然，中藏精舍，是曰碧梧棲鳳。又東行，得屋三楹，前則石欄環繞，梅樹數百，素豔成林；後臨荷花池，石橋三曲，紅欄與翠蓋相映。俗呼其前曰梅花廳事，後曰藕香榭云。梅花廳事之西，鑿坏於垣，曰遯窟，窟中一室，曰舊時月色，亦余所署也。循廊東行為南雪亭，又東為歲寒草廬，有石筍數十枝，蒼實可愛。其北為拜石軒，庭有奇石，佐以

古松，又北為坡仙琴館，以藏東坡琴也。館之右有石似老人，傴僂而聽琴，築室其旁，曰石聽琴室。又西北行，翼然一亭，顏以坡詞，曰繞徧迴廊還獨坐，廊盡此矣。庭中有芍藥臺，牆外有竹徑，遵徑而南，修竹盡而叢桂見，用稼軒詞意，第一亭曰雲外築婆娑，亭之前卽荷池也。循池而西，至於山麓，由山洞數折而上，度石梁，登其巔，則螺髻亭也，自其左履石梁而下，得一洞，有石天然為大士像，是曰慈雲洞。洞之中石桌石凳咸具，石乳下注磊磊然，洞外有桃花，是曰絳霞洞，洞之北卽余所謂古松之陰也。出松林再登山，有亭曰小滄浪，亭後疊石為屏，其前俯視又卽荷池矣。茲園東南多水，西北多山，為池有四，皆曲折可通。山多奇峯，極湖嵌之勝。方伯手治此園，園成遂甲吳下，精思偉略，卽此徵之。攀玩終日，粗述大概，探幽搜峭，是在游者。

※ 園主人聯語
梅花廳事（集辛幼安詞）

古今興廢幾池臺，往日繁華，雲烟忽過，這般庭院，風月新收，人事底虧全，美景良辰，且安排翦竹尋泉，看花索句；

重來天地一稊米，漁樵故里，白髮歸耕，湖海平生，蒼顏照影，我志在寥闊，朝吟暮醉，又何知冰蠶語熱，火鼠論寒。

藕香齋（集吳夢窗詞句）

> 流水洗花顏，擁蓮媛三千，誰道采菱波狹；
> 紫霄承露掌，倚瑤臺十二，猶聞凭袖香留。

藕香齋（集史梅溪詞）

> 竹枝敲苔，倚窗小梅索句；
> 簾波浸筍，閉門明月關心。

藕香齋（集秦少游周草窗詞）

> 曲檻俯清流，瞑烟兩岸，斜日半山，橫枕鼇峯，水面
> 倒銜蒼石；
> 晴空搖翠浪，花露侵詩，槐薰入扇，涼生蟬翅，柳陰
> 深鎖金鋪。

藕香齋（集宋人詞）

> 水雲鄉，松菊徑，鷗鳥伴，鳳凰巢，醉帽吟鞭，煙雨
> 偏宜晴亦好；
> 盤石序，輞川圖，謫仙詩，居士譜，酒羣花隊，主人
> 起舞客高歌。

藕香齋（集周草窗詞）

> 蓮葉共分題，貯月杯寬，笑拍欄干呼范蠡；
> 筍屏掩雙扉，避風臺淺，旋移芳檻引流鶯。

面壁（集辛幼安周草窗詞）

> 雲闊插天開，欲往何處，一百八盤狹路；
> 湘屏展翠疊，臨流更好，幾千萬縷垂楊。

古松之陰（集辛幼安詞）

> 還我漁簑，依然畫舫清溪笛；
> 忽呼斗酒，撐得東家稱種書。

雲外築婆娑（集辛幼安詞）

> 芳桂散餘香，亭上笙歌，記相逢金粟如來，蕊宮仙子；
> 天風飛墮地，眼前突兀，最好是蜂房萬點，石髓千尊。

南雲亭（集辛幼安詞）

> 高會惜分陰，為我弄梅，細寫茶經煮香雪；
> 長歌自深酌，請君置酒，醉扶怪石看飛泉。

歲寒草廬（集張玉田詞）

> 竹邊松底，只贈梅華，共結歲寒三益；
> 薛老苔荒，摩挲峭石，恍然月白千峯。

歲寒草廬（集姜白石張玉田詞）

> 衝寒茸帽，拂雪金鞭，漸為尋花來去；
> 款語梅邊，虛堂松外，幾番問竹平安。

四時瀟灑（集張玉田史梅溪詞）

石磴揭松陰，幾曲欄干，古木迷鴉峯六六；

煙光搖縹瓦，一屏新繡，芙蓉孔雀夜溫溫。

繞徧迴廊還獨坐（集辛幼安詞）

紫苔蒼壁，曲徑疏籬，玉斧峭方壺，政爾橫看成嶺；

酒令詩籌，芒鞵行杖，歸路踏明月，等閒行盡長廊。

繞徧迴廊還獨坐（集張子野詞）

幽懷倚石，蕭疏竹影庭深，且拂簟清眠，引筇閒步；

翠幬成波，晻靄苔香簾淨，每逢花駐樂，持酒聽歌。

閒鎖一壺幽綠（集張玉田詞）

移花檻小，密葉禽幽，伴壓架荼蘼，依約誰敎鸚鵡；

款竹門深，采芝人到，任滿身風露，姓名題上芭蕉。

※ 附怡園借座讌客簡章

一、園資每席洋兩元四角。

一、廚房備飯粥每席洋五角中桌酌加。

一、茶房每席洋六角中桌不加。

一、園丁酬勞每席洋五角。

一、盃筋不備須自帶。

一、燈燭不備夜飲謹辭。

一、現在禁烟時代本園不敢代人受過幸勿攜帶煙具。

滄浪亭

在城內三元坊，或逕稱滄浪亭。從胥門去人力車約二角半左右，從閶門去車價至多約四角。

滄浪亭為吳中勝境，錢氏時廣陵王元璙別圃，或云其近戚吳軍節度使孫承祐所作。宋蘇舜欽子美得之，傍水作亭，曰滄浪，由是滄浪之名始著。紹興時，曾為韓世忠所有。由元至明，廢為僧居。明嘉靖間，為其址之妙隱庵，建韓蘄王祠，釋文瑛於大雲庵旁復為滄浪亭。清康熙間又建蘇公祠，商邱宋犖撫吳時，尋訪遺跡，復構亭於山之巔，得文徵明隸書滄浪亭三字揭其額。被毀於咸豐庚申之役，同治十二年巡撫張公樹聲重建。今雖日就荒蕪，而大概猶存，倘得修之茸之，不難恢復舊觀焉。前有石坊，額曰滄浪勝蹟。園前積水彌數十畝，徧植芰荷，跨以石橋。門面北，額曰五百名賢祠，祠之東偏為面水軒。張之萬聯：「短艇得魚撐月去，小軒臨水為花開。」又洪鈞聯：「徙倚水雲鄉，拜長史新祠，猶為羈臣留勝蹟；品評風月價，吟盧陵舊什，恍聞孺子發清歌。」又東有亭，額曰靜吟。應寶時跋云：「滄浪亭舊在北碕，康熙間宋漫堂冢宰移置山巔，縣文待詔隸書滄浪亭額，經兵燹不復存。歲癸酉重修，山亭仍其舊，於北碕別構一亭，因取蘇學士詩意，以靜吟名之，亦以存故蹟也。」屏門上，勒方錡書宋蘇舜欽滄浪亭記。山則橫當其前，東西互數丈，洞壑玲瓏，山徑曲折。山巔之

亭，卽滄浪亭也，額為俞曲園書。由亭南下，為明道
堂。杜文瀾聯：「清斯濯纓，濁斯濯足；智者樂水，
仁者樂山。」又張樹聲聯：「泉石愒名賢，伴具區煙
水，林屋雲巒，獨向塵寰留勝蹟；簿書逢暇日，更解
帶亂耘，停車問俗，豈徒觴詠事清游。」薛時雨聯：
「百花潭煙水同清，年來畫本重摹，香火因緣，合以
少陵配長史；萬里流風波太險，此處淄塵可濯，林泉
自在，從知招隱勝游仙。」堂之東北，為瑤華境界，
見心書屋，與臨水之靜，吟亭通。堂之西南，有三層
小樓一座，曰看山樓，中祠二程夫子。下層為石室，
題曰印心石屋。西為翠玲瓏館，又西為宋蘇長史祠。
吳履剛輯滄浪亭小志中語為聯：「湖州長史昔貶謫，
守道好學，發憤懣於歌詩，風雲變化，雨雹交加，一
時豪俊，多從之游，磊落軒昂，足知文士有聲價，商
邱中丞嗜吟眺，景賢修廣，以精神相依憑，密邇宮
牆，掃除污穢，三吳流傳。追尋其地，前倡後繼，爰
飭祠宇肅豆籩。」北卽五百名賢祠，壁間環列石刻
五百名賢繪像。薛時雨聯：「千百年名世同堂，俎豆
馨香，因果不從羅漢證；廿四史先賢合傳，文章事業，
英靈端自讓王開」。又吳履剛集小志中尤西堂顧書宣
王方若句為聯：「彷彿烟波中，花天月地小開闢；俎
豆竹梧徑，冥交神契徧周旋。」堂之後東齰西爽，與
正門隔山遙對。餘如清香館、聞妙香室，在西偏，亦
皆臨水。其中石刻，有康熙賜吳存禮詩及楹聯、乾隆

十二年御書江南潮災歎、御題文徵明小像、宋蘇舜欽
留別王原叔詩、道光中陶澍滄浪亭五老圖詠、朱鞗七
友圖記、楊論論詩圖題詠、歐陽修歸有光記及康熙後
重修各記。美術專門學校附設其中，對面有可園，今
設省立圖書館，內有博約堂學古堂思陸亭浩歌亭等。
流水一泓，土山小築，布置雅宜。

※ 宋蘇舜欽滄浪亭記

予以罪廢無所歸，扁舟南游，旅於吳中，始僦舍以處。
時盛夏蒸燠，土居皆褊狹，不能出氣，思得高爽虛闊
之地，以舒所懷，不可得也。一日，過郡學東，顧草
樹鬱然，崇阜廣水，不類乎城中。沿水得微徑，於雜
花修竹之間。東趨數百步，有棄地，縱廣函五六十尋，
三面皆水也。杠之南，其地益闊，旁無民居，左右皆
林木相虧蔽。訪諸舊老云，錢氏有國，近戚孫承祐之
池館也，坳隆勝勢，遺意尚存。予愛而斐同，遂以錢
四萬得之，購亭北綺，號滄浪焉。前竹後水，水之陽
又竹無窮極，澄川翠幹，光影會合於軒戶之間，尤與
風月為相宜，予時傍小舟，幅巾以往。至則灑然忘其
歸觴而浩歌，踞而仰嘯，野老不至魚鳥共樂，形骸既
適則神不煩，觀聽無邪則道以明。返思向之汩汩榮辱
之場，日與錙銖利害相磨戛，隔此真趣，不亦鄙哉。
噫。人固動物耳，情橫於內而性侃，必外寓於物而後
遣，寓久則溺以為當然，非勝是而易之，則悲而不開。

惟仕官溺人為至深，古之才哲君子，有一失而至於死者多矣，是未知所以自勝之道。予既廢而獲斯境，安於沖曠，不與眾驅，因之復能於內外得失之原。沃然有得，笑閔萬古，尚未能忘其所寓目，用是以為勝焉。

※又　滄浪詩

一逕抱幽山，居然城市間；

高軒而曲水，修竹慰秋顏；

迹與豺狼遠，心隨魚鳥閒；

吾甘老此境，無暇事機關。

※又　滄浪靜吟

獨遠虛亭步石矼，靜中清味世無雙；

山蟬帶響穿疏戶，野蔓盤青入破窗；

二子逢時猶死餓，三閭遭逐便沉江；

我今飽食高眠外。惟恨澄醪不滿缸。

拙政園

在婁門大街，從閶門去人力車約三角半，園資半角，茶資酌給。

拙政園，明嘉靖時王御史獻臣，因元代太宏寺基，營為別墅，以自託潘岳拙者之為政也，文待韶徵明為圖記，後其子以樗蒲負失之，歸里中徐氏，清初海寗陳相國之遴得之。中有連理寶珠山茶，花時爛

紅奪目，吳梅村嘗作長歌。後籍沒入官，為駐防將軍府。旗軍撤後，為吳三桂壻王永甯所有。康熙時改為蘇松道署，缺裁，散為民居。咸豐間，始為太平國忠王府，繼為江蘇巡撫署。同治八年，張文達之萬來撫是邦，另建節署，以此為八旗奉直會館。入門有老籐，旁有石，署曰文衡山手植籐。門有太倉王藻林聯：「拙補以勤，問當年學士聯吟，月下風前，留得幾人詩酒；政餘自暇，看此日名公雅集，遼東冀北，蔚成一代文章。」疊石一座，橫當門內。山後有水一曲，通以小橋，橋後有堂，曰遠香堂。張之萬聯：「曲水崇山，雅集逾獅林虎阜；蒔花種竹，風流繼文畫吳詩。」西曰南軒，俞曲園署曰聽香深處。隔水而西，有屋如舟，曰香洲。嘉慶間王庚跋云：「文待詔舊書香洲二字，因以為額。昔唐徐元固詩云，香飄杜若洲，蓋香洲所以況君子也，乃為之銘曰，擷彼芳草，生洲之汀，采而為佩，爰入騷經。偕芝與蘭移植中庭，取以為室，惟德之馨。」懸有吳梅村山茶歌。閣之上署曰澂觀。遠香堂北池水曲折，有地一區，四圍皆水，儼如小島，跨以曲橋，築屋其上，署曰雪香雲蔚。在最高處，左有亭曰勸耕，右曰荷風四面。聯云：「四壁荷花三面柳，半潭秋水一房山。」園西北沿邊皆廊，循廊而北而東，曰擁翠亭、曰藕香榭、曰瀟湘一角，後面臨水多竹。東部曰梧竹幽居、曰半窗梅影、曰繡綺亭。園之東南隅，曰枇杷園，有湖石數

座，玲瓏有致，故署其屋曰玲瓏館。由此而西，卽為面山面水之遠香堂也。

※ 吳梅村詠拙政園連理山茶

拙政園內山茶花，一株兩株枝交加；

豔如天孫織雲錦，頹如奼女燒丹砂；

吐如珊瑚綴火齊，映如蟠蜮凌朝霞；

百年前是空王宅，寶珠色相生光華；

長養端資鬼神力，優曇涌現西流沙；

歌臺舞榭從何起，當日豪家擅閭里；

苦奪精藍為玩花，旋拋先業隨流水；

兒郎縱博賭名園，一擲留傳猶在耳；

後人修築改池臺，石梁路轉蒼苔履；

曲檻奇花拂畫樓，樓上朱顏嬌莫比；

千條絳蠟照鉛華，十丈紅牆飾羅綺；

門盡風流富管絃，更誰瞥眼開桃李；

齊女門邊戰鼓聲，入門便作將軍壘；

荊榛從填馬矢高，斧斤勿翦黃鶯喜；

近年此地歸相公，相公勞苦承明宮；

眞宰陽和暗同幹，長安日日披薰風；

花留金谷遲難落，花到朱門分外紅；

獨有君恩歸未得，百花深鎖月明中；

灌花老人向前說，園中昨夜零霜雪；

黃沙淅淅動人愁，碧樹垂垂為誰發；

可憐塞上燕支山，染花不就花枝殷；

江城作花顏色好，杜鵑啼血何斑斑；

花開連理古來少，並蒂同心不相保；

名花珍異惜如珠，滿地飄殘胡不歸；

楊柳絲絲二月天，玉門關外無芳草；

縱費東君著意吹，忍經摧折春光老；

看花不語淚沾衣，惆悵花間燕子飛；

折取一枝還供佛，征人消息幾時歸。

獅子林

在城之東北隅，神道街後門，在潘儒巷，與拙政園距離甚近。自閶門馬路起雇人力車去，車資三角半，從齊門外至園人力車資一角半，或雇快船去亦可。園資免納，近為貝氏私產，如欲參觀非經園主許可不得入，惟學校團體等不在此例。

獅子林湖石玲瓏，洞壑宛轉，其大概分為東西兩部，各成一大環形。東部疊石，游其中者登降不遑，西部則盤旋曲折，有如迴紋。相傳元至正間，僧天如惟則延朱德潤、趙善良、倪元鎮、徐幼文、共商疊成，而元鎮為之圖，取佛書獅子座而名之。近人誤以為倪雲林所築，非也。中有獅子峯、含暉峯、吐月峯、立雪堂、臥雲室、問梅室（舊有梅曰臥龍）、指柏軒（舊有柏曰騰蛟）、玉鑑池、冰壺井、修竹谷、小飛虹、大石屋諸勝。山上有合抱大松五株，又名五

松園，後為黃殿撰軒居第，已久廢，惟疊石池沼及松樹十餘株尚存，近歸貝氏所有。於其前建義莊及學校，幷將故址修葺，擴充面積，有石船九曲橋高樓，其側為貝氏宗祠。

玄妙觀

在城適中為最繁盛之地，自閶門馬路去，騾子三角半，人力車價同。

玄妙觀刱自晉咸甯二年，名眞慶道院，唐曰開元宮，宋曰天慶觀，元至元元年始改稱今名。明正統果各肆，羅列其間。卜者、相者、賣技者、唱戲者、無一不有，蓋其地適在都會之中，宜其有此紛紜雜沓之情形。其內有壽星殿者今改建為民衆教育館矣。

北寺塔

在平門內新馬路護龍街北端香花橋。

塔在報恩寺，俗稱北寺，古為通玄寺，吳赤烏中孫權母吳夫人捨宅建，或云孫權乳母陳氏捨第為寺。在唐為開元寺，至吳越時始易今名。其地故有塔十一成，凡再建再燬。宋紹興末，行者大圓重建，始去其二級為九成。明隆慶中不戒於火，僧如金重建，推為一郡浮屠之冠。登塔展望，近則全城狀況，遠則西南諸山，靡不歷歷在目焉。塔後門額，署曰三吳首刹。大殿之左為觀音殿，右聖母殿，後庭兩旁，曰五觀

堂、曰迎賓堂。中曰古銅佛殿，有古銅佛二尊，配以
檀香木佛一尊，再後曰梵香堂，額曰發海潮音。中懸
光緒間住持昭三聯：「梵宇舊高寒，當年二像著靈，
塵世別開清淨境；浮生都夢影，我願一堂說法，香花
共悟上乘禪。」并識云：「府志晉建興二年，滬瀆浮
來二石佛，迎置北寺。囘憶曩事，茲擬撰句。」塔前
大雄寶殿，於十年開始重建，已落成。

※ 摘錢登塔游覽規則

一、每人納銅元三枚售籤憑籤登塔。
一、每日開放時刻上午八時起至下午五時止。
一、同時登塔人數至多以二百人為限。
一、黑暗處由寺懸點燈火。

天平山

在城西十八里，舟行四小時，價三元，膳另講。
抵村雇山轎來囘壹元。

天平山多奇石，有穿山洞、蟾蜍石、龍頭石、靈
龜石、釣魚石，皆奇絕，尤以卓筆峯為著。峯高數
丈，截然立雙石之上，餘如屏如盍，或插或倚，備極
怪狀。飛來峯高二丈，上銳下侈，微附盤石，前臨厓
谷。龍門俗稱一線天，兩崖並峙，若合而通，窄險深
黑，過者側足。其上有二石屋，大者可坐十人，小者
可坐六七人，皆石穴空洞，廣石覆之如屋焉。又小巖

有蓋斜蔽其頂，俗名頭陀崖。又有五丈石、臥龍峯、巾子峯、皆山中奇跡，山頂平正，曰望湖臺。巨石圓而面湖者，曰照湖鏡。山半有白雲泉，線脈縈絡，下墜於沼，味極甘冷，為吳中第一水。石壁中別有一泉，注出如線，曰一線泉，宋僧壽老始發之，中有白樂天、蘇子美、王君玉、蔣希曾詩刻。山之東北麓，有范文正公高祖柱國麗水丞隋墓，旁有松數千株。其後壘石林立，名萬笏朝天。又文正公考以上三世，皆葬笏林之陽，南址白雲庵。文正奏請為功德香火院，敕賜寺額忠宣，故天平山范氏號賜山。明季參議范允臨依麗水墓構山莊，康熙間檢討范必英即其地建參議祠，乾隆初元范瑤與參議會孫興禾興穀更修葺之。於是咒鉢庵、寱言室、聽鶯閣、芝房、魚樂國、來燕榭、繙經臺、宛轉橋、諸勝，盡復舊觀，更名賜山舊廬。乾隆帝賜名高義莊，山多楓樹，秋時冒霜，則葉盡赤色，有高丈紅霞之稱。

※ 唐白居易白雲泉

　　　　天平山上白雲泉，雲本無心水自閒；

　　　　何必奔衝山下去，更添波浪向人間。

※ 明高啟石屋

> 雙崖立幽關，一洞開深宇；
> 青嶂近石鄰，白雲閒作主；
> 不受杜陵風，可避河朔暑；
> 華棟幾同新，渠渠獨千古。

※ 卓筆峯

> 雲來初似墨，雁過還成字；
> 千載只書空，山靈恨何事。

※ 飛來峯

> 風吹蛾眉雲，來依此山住；
> 我來不敢登，只恐還飛去。

※ 五丈石

> 勢危撐月墮，影瘦倚雲平；
> 仿彿華峯井，蓮花一坐生。

※ 楊基蟾蜍石

> 神蟆月中來，化作千年石；
> 曾吞玉杵霜，清露時時滴。

※ 照湖鏡

> 團團山上石，下照太湖影；
> 如何一鑑中，三萬六千頃。

石湖

在城西南十五里，舟行三小時。陰歷八月十七晚及十八日最熱鬧。

石湖長九里，東西四里，周二十里，為太湖支流。有茶磨諸峯映帶，頗為勝絕。相傳范蠡從入五湖處，湖東一溪，即越來溪，越侵吳自此入，故名。舊有越城。宋范成大因其故址為亭榭，植以名花，而梅為獨盛，別築農圃堂，對楞伽寺，下臨石湖，孝宗書石湖二大字賜之。中有北山堂、千巖觀、天鏡閣、玉雪坡、錦繡坡、說虎軒、夢魚軒、綺川亭、盟鷗室諸蹟，已久廢。別有石佛寺，就巨石鑱大士像。

上方山即楞伽山，上有楞伽寺，有浮屠七級，隋大業四年太守李顯所建。寺有五通祠，清康熙二十四年湯文正毀之，投其像於太湖中。東北為茶磨嶼，俗名磨盤山，以其三面臨水故。赤麓舊有石湖書院，東南麓有普陀巖，有石池石梁。

※ 宋范成大初歸五湖

曉霧朝登紺碧烘，橫塘西岸越來東；
行人半出稻花上，宿鷺孤明菱葉中；
信脚自能知舊路，驚心時復認隣翁；
當時手種斜陽柳，無限鳴蜩翠掃空。

※ 約鄉人至石湖

窈窕崎嶇學種園，此生邱壑是前緣；

隔籬日上浮天水，當戶山橫匝地煙；

春入葑田蘆綻筍，雨傾沙岸竹垂鞭；

荒寒未辦招君醉，且吸湖光當酒泉。

※ 攜家石湖賞拒霜

水上晴雲綵嶺橫，許多蜂蝶趁船行；

漁樵引入新花隖，兒女扶登小錦城；

豔粉發妝朝日麗，溼紅浮影晚波清；

誰知搖落霜林畔，一段韶光畫不成。

靈巖山

在木瀆，距城十八里，舟行四小時，價約三元，膳另講。並有輪船開往，每日兩班。

靈巖山一名硯石山，高三百六十丈，山之西北絕頂為琴臺，西子曾鼓琴於此。平坦處有靈巖寺，卽吳王館娃宮故址。有塔九成，曰靈巖塔，宋孫承祐所建，明萬曆廿八年為雷火所毀，而磚獨存。有吳王井二，一圓，一八角，圓曰日池，八角曰月池，相傳為吳王避暑處。又有硯池、玩花池、玩月池，或云硯池卽玩花池，三池雖旱不竭。塔前石壁聳起為靈芝石，循塔南西上，舊有小斜廊，名響屧廊，亦曰鳴屧廊，以楩梓藉地而虛其下，令西施與宮人行則有聲，因

名。東為百步街，石龜、石羅漢在焉，又有石鼓，大者二十圍，小者半之。街之南有石室，俗稱西施洞，舊稱吳王囚范蠡處。洞右有牛眠石，前為出洞龍，貓兒石，東西為二划船隖，蓋吳王瀦水以戲龍舟之所。其下為妙湛泉，更有醉僧石、石鼉、壽星石、披雲望月二臺、石樓、袈裟石、石髻、石城、石馬、槎頭石、獻花石、藏經石幢等。明嘉靖後屢經構采，遂多殘毀。萬歷四十一年榷部馬之駿給價官買，勒石禁采。其西南石壁峭拔，曰佛日岩，山前有采香涇在香山之旁小溪也。吳王種香於香山，使美人泛舟於溪以采香。今自靈巖山望之，一水直如矢，故俗又稱箭涇。寺壁懸絕詩十章，分咏十景。因錄之。

※ 西施洞

館娃宮廢已多時，登覽低徊有所思；
野草山花新雨後，先從古洞覓西施。

※ 吳王井

宮井依然似鏡開，墜釵人去有誰哀；
年年山上秋風起，應化驚鴻照影來。

※ 琴臺

崖畔廊空無響屧，山頭臺廢不鳴琴；
夕陽欲落天風起，但聽松濤萬古音。

※ 玩花池

山上清池水一厓，畫橋蕪穢檻欹斜；
春來別有游魚樂，不見宮人更玩花。

※ 采香涇

一涇似箭散朝烟，聞道吳王欲泛船；
宮女如花隨水去，采香直看到山頭。

※ 畫船塢

水嬉千載說吳王，妙舞清砍樂未央；
霸業銷沉宮已廢，爭教船塢不滄桑。

※ 石城

離宮結構已崔巍，當日遊觀亦壯哉；
豈料石城高百丈，不能禦得越兵來。

※ 石鼓

吳地兵戈久已平，靈巖遊眺息勞生；
夜來不識雷聲動，恐是山頭石鼓鳴。

※ 石鼉

石幢石鼓幻形多，此石胡為獨化鼉；
日望太湖終不去，浮沉已似畏風波。

※ 佛日巖

> 旁晚重尋佛日巖，仰看峭拔出松杉；
> 老僧更立琴臺上，絕境層層自隔凡。

穹窿山

在城西南三十六里，至善人橋雇山轎至山，價一元餘。

穹窿山山頂方廣可百畝，有煉丹臺、昇仙臺、皆赤松子遺跡。又三茅峯頭如浮笠，俗呼箬帽嶺，疊石為龕，名國師龕，或云張良從赤松子游處。半山有石膝痕，相傳茅君禮斗處。膝印中注水不涸，名雙膝泉。又有拄杖泉，大旱不竭。法雨泉下注石堰，百丈泉則在山之西焉。東嶺下有盤石，高廣丈許，相傳朱買臣讀書其上，今號為讀書臺。有穹窿寺，梁天監中建，明改為拈花寺，後建上眞觀。

※ 明吳寬穹窿山我聞吳中諺

陽山高抵穹窿半，壯哉拔地五千仞，始羨吳中有寺觀，銅坑鄧尉使屏展，天平靈巖當几案，吾聞法華與雅宜，水邊橫亘如長岸，何人著山經，宜作吳山冠，但嫌地勢高，山家無憂旱，舟行半日青已了，卻被濃雲忽遮斷，水迴路轉二三里，依舊諸峯青歷亂，人云山頂百畝半，合結茅廬倚霄漢，龍門勝跡未遑游，坐向船頭先飽看。

鄧尉山

在光福鎮，距城六十里，舟行由胥江過木瀆善人橋可順道往游靈巖、穹窿兩山。民船逕行，朝發夕至，翌晨登山，雇山轎每頂給資二元左右，鎮有尋梅旅社。

鄧尉山以漢有鄧尉隱此，故名，亦稱光福山，以地名光福里也。山勢雄偉，實為附近諸山之綱領，故鄧尉之名獨著。

鄧尉之東南有玄墓山，與鄧尉相連不斷之山也，東晉青州刺史郁泰玄葬此，墓在聖恩寺後。明初萬峯和尚居之，又名萬峯山，聖恩寺即萬峯和尚道場。寺有喝石，相傳穿井時有巨石下墜，萬峯喝止之，故名。寺西南有八德泉，水如沸珠，又名沸珠泉。寺後奇石，俗謂之眞假山。天順間，於土中露見稜鍔，扣之錚錚，遂加剔灌，巉岩洞越，巧若天成，後漸湮沒。至康熙十七年仲夏積雨，山泉衝激，復有石露於大悲壇東，寺僧因而搜之，得石湖盧熊所題，神獅出岫、海湧門、汲硯泉、涵輝洞、峭壁岩、螺髻峯、流雲洞、凌空橋、八景，近康南海題壽洞二字於石上。寺中以還元閣為最勝，可遙望太湖之全景，藏有邾輕鐘及其墨搨，與覺阿和尚一蒲團外萬梅花畫冊。寺僧見客至，恆出而乞題。又有四宜堂，康熙駕臨時，賜以松風水月四字。殿右有巨鐘，鏤法華經六萬字，鐘本洪武九年鑄，後為巖嵩攫去，此為萬歷間重鑄者。

五雲洞在米堆山，位玄墓之東，洞為顧天敍所闢，朋季有虎伏於內，俗名老虎洞。近山有寺曰獅林寺，壁嵌楞嚴經石刻。

石樓在彈山，位玄墓之西，又名萬峯臺，所据極勝，瀕湖處舊有七十二峯閣，已久廢。今有寺，中有留餘泉，味清冽。

石樓在蟠螭山，位彈山之西南，石奇峭，嶄巖如削。山有寺，面太湖，以峯為壁，如圍屏狀。山產茶，附近居民，有以綠茶來兜售者。

香雪海在馬駕山，俗稱吾家山誤，四面皆樹梅，康熙中巡撫宋犖題此三字於崖壁，其名遂著。蓋山中人率樹梅以為業，與藝茶條桑並重。明汪琬馬駕山記，有梅五茶三桑二之說。其南數里，地曰天井，居民又盆栽紅綠梅，以銷售各處者，故極繁盛。

司徒廟古柏，不知紀年，勢極蟠屈。最著者為清奇古怪四株，廟曰柏因社以此。

光福鎮之西北，有山曰龜山，上有光福寺，為梁九眞太守顧氏之家山。寺中有銅觀音像，宋康定中久旱，禱之卽雨，自是凡有禱者，州人請郡守致敬，無不感應。寺有舍利塔，為梁大同間所建。北有虎山，通一溪，跨以石梁，名虎山橋。

※ 張湛甫士衡紀游吟草

五雲洞

上下兩山窟，厥名曰五雲；

層雲無復起，虎嘯有時聞；

無虎與有虎，山人語紛紜；

相傳為虎洞，人云吾亦云。

眞假山

聞此眞假山，已歷幾千春；

是眞卽非假，是假卽非眞；

眞與假之間，不容一微塵；

山石癡聾其，低頭昧夙因。

石壁

天半奇峯削不成，游人到此競題名；

屏風幾疊高千仞，遮斷五湖浪送迎；

煙波深處一蜿蟺，山勢蜿延得地寬；

林訏補天餘片石，重重降自碧雲端。

石樓

攀崖試上萬峯臺，山色湖光眼界閣；

波撼煙巒渾欲墮，風停雲浪也憑堆；

閣傾本為尋碑至，石滑何妨倚竹來；

泉吸留餘僧獻茗，閑吟叉手一徘徊。

司徒廟古柏

柏因社裏柏縱橫，古怪清奇舊有名；

靈氣往來天地久，刧餘斷幹尚數榮。

香雪海

山前山後盡梅花，人入山中興倍賒；

穿偏田疇香不斷，筍輿時訝被花遮。

東洞庭山

在城西南八十餘里，有輪船開往，自蘇至山六小時，輪船在胥門外棗市秦讓橋過橫涇、浦莊、大林等處，下午三時到。

東洞庭山，一名胥毋（毋音無，一作胥母，因伍子胥嘗迎母於此），一名莫釐，相傳莫釐將軍居之因名。山視西洞庭較小，而岡巒起伏，大略相似。

由東山市後登山，約四里至茅峯禪院，更里許至棲雲亭。亭之西，谷內有老屋數間，法海寺之殿址也。更約二里至莫釐峯，俗呼為大夫頂。頂上有一廟，曰慈雲庵，香火頗盛，庵後更登丈許之坡，則莫釐絕頂矣。

由棲雲亭東下，至雨花禪院，亦稱雨花臺。有葉姓者，建新閣於院側，結構軒敞，翦取太湖一角亦佳境也。其中陳設，儼如虎邱之冷香閣，惟是樓三面環山，一面面湖，景緻極佳。有聯云：「湖山成千古畫圖，南

望吳江，西延夾浦，北臨惠麓，東達金閶，此處足清
游，古刹被名僧所占；景物極四時佳境，春風柳岸，夏
岫雲峯，秋正歸帆，冬留積雪，我生厭塵俗，一官為勝
地而來。」亦可見是處之勝矣。越山而北約三里至古雪
禪院，亦稱古雪居，佔地深幽，為翠峯寺故址。院前為
枕流閣，中懸陶恭毅一聯云：「溪頭細雨流花出，樹外
閑雲載鶴歸。」彭剛直聯云：「古香自有梅花在，雪色
時看野鶴來」。中為彭詩一幅，詩曰：「運甓勤餘墨寶
留（原注步陶恭毅韻），我來憾晚漫尋幽；雨聲山色籠
雙屐，烟色湖光吸一樓；黃果甘芳酥病齒（謂枇杷），
紫泉清冽沁詩眸；莫釐未許遊蹤去，天遣癡雲壓上頭。」
出院過紫泉洞，南上里許得一亭，亭壁嵌一石題，曰印
心石屋。清道光賜陶恭毅額亭，固飲日亭故址也，下亭
東行出翠峯亭之山門，寺廢僅留一門耳。復過唐武衞將
軍席溫墓，訪王文恪宅址，桑葉成林，華屋山邱矣。

※ 明王鏊與嚴道師同登莫釐峯

微雨發春妍，東風花外軟；
良朋約佳游，遙指莫釐巘；
平生山水心，老脚肯辭繭；
壺觴紛提攜，曲磴屢迴轉；
小憩山之腰，祕境漸扳葴；
紫翠蓋幢翻，青黃繡縐轉；
須臾造其巔，四顧目盡眩；

太湖小汀濚，風帆時隱見；

吳門俯可掇，越嶠杳難辨；

摩挲舊題名，斑駁半苔蘚；

日斜下山椒，窅爾迷近遠；

間途值樵夫，失腳悔巳晚；

懸崖颱伶俜，絕壑窺淰淰；

熹微認前村，山寺吠鳴犬；

解衣得盤礴，仰視坐猶喘；

韓公鑱華嶽，正自恐不免；

登高弗知厭，持用戒軒冕。

西洞庭山

　　由東洞庭雇舟擺渡湖面約十里，另有義渡，船資銅元數枚。

　　西洞庭山在太湖中，山之邃者包山，奇者石公，靈而秀者林屋，高者縹緲峯，險而幽者大小龍渚石蛇，總名西洞庭云。

　　包山一作苞山，今通謂之包山，以四面皆水包之，故名。或謂包公嘗居之（包公句容鮑靚也，遂呼鮑為包），山高七十丈。於東山之渡水橋登船，路經楊灣彭灣，港道極狹，左右皆魚池，每池之大，約三四畝，沿以桑樹，獲利甚豐。魚池之中間多蘆蕩，雜以荷花，行十餘里，入太湖中。

　　舟泊於西山之石公山（自東山至此約三句鐘許），

南行里許，有石特立道旁，題曰石門。過門百餘步，石崖漸聳，高四五丈，下凹為洞。洞頂有摩崖，曰歸雲洞。洞深二丈餘，高略遜之，中供觀音像，聞像係天然成形，不知何時被人雕琢，施以金飾，失去真相。

　　出洞過印月廊，至石公禪院，由院東出，一室倚於石屏之下，曰翠屏軒。由軒右拾級上升，一石方正，曰礪岩。岩右上為斷山亭，亭西石磴側轉數十步至來鶴亭。由亭左覓徑更登，則出翠屏之頂，雜樹蔽人，前行多阻。往復搜索，得洞穴於矮樹叢中，深可二丈，廣僅容人。其外方向東斜下，乃一石壁之縫，須攀壁躍下，此石縫之長可十餘丈，沿壁側身漸漸下降，仰望青天，如拖一線，即石公山之一線天也。

　　洞口北側一石上刊有石公二字，沿壁南行不半里，見壁上有縹緲雲聯四字摩崖，下款姚元。更數十步為雲梯，實非梯也。雲梯西轉，石壁皺摺作魚鱗紋，下有一洞，高廣數尺，曰夕光洞，淺窄不足觀也。

　　於一線天石公之前，登舟北行十餘里，至鎮夏市。過市行里許，至林屋洞。洞在一小山之麓，洞門西向，門壁題曰，林屋洞天，又曰天下第九洞天，其上有篆書摩崖，曰靈威丈人得大禹素書處，則俞曲園手書也。按越絕書吳王命靈威丈人入此洞七十日而返，其深邃不可限量，乃洞口之高，僅能容人，其內皆積水不可入，水深可及膝，寒冽透骨。洞門之內，大約十餘丈，高處僅能伸首。洞門周覆皆在水中，無

從可通，南隅一罅可以容身，前行約丈許，更窄，須
匍匐而入，其內沉冥，莫知底蘊，蝙蝠極多。舊傳洞
中，有石室、銀房、金庭、玉柱、石鐘、石鼓，或稱
洞中有白芝、隱泉、金沙龍、盆魚、乳泉、石燕等，
語多附會。洞外亂石，如犀象牛羊起伏蹲臥者，曰齊
物觀。東北高起千尺蒼，然壁立者，曰曲巖洞。

　洞庭山盛產果木，四季出品甚富，有東山枇杷、
西山楊梅之稱，若桃、若梅、若橘，皆有名，至東山
碧螺峯之茶為更著。

※ 吳梅村縹緲峯

　　　　茲峯非云高，高與眾山別；
　　　　其下多嵌空，天風吹不折；
　　　　插根虛無際，縹緲為險絕；
　　　　細徑緣山腰，人聲來木末；
　　　　籃輿雜徒步，佳處欣屢歇；
　　　　躋嶺路倍艱，往往攬垂葛；
　　　　灝氣凌沆寥，一身若冰雪；
　　　　輕心出天池，羽翮生彷彿；
　　　　杖底撥殘雲，了了見吳越；
　　　　曜露燭滄浪，滉瀁金光發；
　　　　陰雲俄已變，慘澹元雲結；
　　　　歸筇破瞑靄，半巔值虹蜺；
　　　　姑知清境者，跡共人鳥滅；

丹砂定可求，苦為妻子奪；

看君衣上雲，風過松間月。

※ 汪琬游石公山

嘗聞石公山，名種習已熟；

茲游下筍輿，緩步向前麓；

山色圍暖翠，湖光漾晴綠；

葛花惹衣袂，橘刺礙巾幅；

所遇石漸奇，一一煩記錄；

或如城堞連，或如屏幛曲；

或平若几案，或方若棋局；

虛或生天風，潤或聚雲族；

或為猿猱蹲，或作羊虎伏；

或如兒孫拱，或如賓主肅；

或深若永巷，或邃若重屋；

色或雜青蒼，紋或蹙羅縠；

纍纍高復下，離離斷還屬；

曠或可振衣，仄或危容足；

既疑雷斧鬪，又似鬼工築；

不然湖中龍，蛻骨堆深谷；

天公弄狡獪，專用悅人目；

芳草絡淺根，孤松施頂秃；

欹崟上鼯鼠，嵌空懸蝙蝠；

玩之漸忘返，苦被同遊促；

平生解愛石，拜揖每匍匐；

急欲買茲山，誅茅架椽竹；

為謀吾已決，不暇龜策卜。

瑞光塔

在盤門內。

瑞光禪寺，為吳赤烏四年僧性康來自康居國，孫權建寺居之，名普濟禪院。嗣建舍利塔十三級於寺中，以報母恩。至宋宣和間，朱勔出貲重建，改為七級。塔屢放五色，故名瑞光。

雙塔寺

在城東南隅定慧寺巷。

寺為唐咸通中州民盛楚等所建，名般若寺。宋雍熙中，王文罕建兩磚塔對峙，俗遂以雙塔名之。清道光初，因東塔相輪毀，曾修葺之。

寶帶橋

在葑門外東南約六里。

橋跨大運河與澹臺湖上，長千二百二十五尺，環洞五十三，而高其中之三以通巨艦。河為東南要道，風濤衝激，不利舟楫，因建此橋。唐御史王仲舒鬻所束寶帶以助工費，故有是名。歷元迄清，重建數次，今為同治十一年工程局所修復者。

荷花塘

在葑門外覓渡橋之東南七、八里。

荷花塘在獨墅湖旁，居民築為塍岸，植荷為業，綿亘數里，夏時花開如雲錦，清香撲人，郡中士民，多雇舟往游。每於先日預備一切，拂曉登舟，於旭日未升零露未收時抵其處，為尤妙。

此外如倉米巷溧陽史氏之半園、韓家巷吳江龐氏之鶴園、南顯子巷安徽會館之惠蔭花園、長春巷全浙會館之之園，有常年開放者，亦有臨時開放者。

※ 明王文恪公太湖七十二峯記

太湖之山，發自天目，迤邐至宜興，入太湖，融為諸山。湖之西北為山十有四，馬跡為大。又東為山四十有一，西洞庭最大。又東為山十有七，東洞庭最大。馬跡兩洞庭，望之渺然如世外，卽之茂林平野，閭巷井舍，仙宮梵宇，星羅碁列，馬跡之北，津里夫椒為大，夫差敗越處也。西洞庭之東北，渡渚黿山橫山陰葉余長沙山為大。長沙之西，衡山漫山為大。東洞庭之東武山，北則余山，西南三山，厥山、澤山為大，此其上亦有居人數百家，或數十家，馬跡、西洞庭分峙湖中。其餘諸山，或遠或近，若浮若沉，隱見出沒於波濤之間。馬跡之西北，有若積錢者，曰錢堆。稍東曰大屼，曰東鴨、西鴨。中為三峯，稍南大隮、小隮，與夫椒相對而差小，為小椒、為杜圻，范蠡所嘗止也。西洞庭之北，貢

湖中有兩山相近，曰大貢、小貢，有若五星，聚曰五石，浮曰茆浮、曰思夫山，有若兩鳥飛且止者，曰南鳥、北鳥，其西南北相對而不相見，見卽有風雷之異，曰大雷、小雷。橫山之東，曰千山、紹山，曰瞳浮、曰東嶽、西嶽。世傳吳王於此置男女二嶽，其前為粥山，云吳王飼囚者也。有若琴者曰琴山，若杵者曰杵山，有對植者曰大竹、小竹，與衝山近。若物浮水而可見者，曰長浮、癩頭浮、殿前浮。與鼂山相對而差小者，曰龜山。有二女娟好相對立者，曰謝姑、小謝姑，有若石柱嶻薛者，曰玉柱。稍郤曰金庭，南為岐山為歷耳。中高而旁下者，筆格驤首，若逝者石蛇，有若老人立石，公石、虵石，公石最奇。與鼂山、龜山南北相對，曰鼂山，旁曰小鼂，若螺者青浮。二鼂之間，若隱若見，曰鷩籃。東洞庭之南，首銳而末岐者，曰箭浮。若屋欹者王舍曰浮苧浮，又南為白浮。澤厥之間，有若笠浮水面者，曰篛帽。有逸於前後追而及之者，曰貓鼠。有若碑碣橫者，曰石碑。是為七十二。然其最大而名者，兩洞庭也。

公　園

在王廢基，從金門去人力車約二角半，園資不納，東齋、西亭茶資小洋一角。

公園舊為張士誠第宅，士誠在明初，稱吳王，故其遺址稱王廢基，亦有呼為王府基者，義亦可通。有噴

水池音樂亭諸勝。其休憩之所，一曰東齋，四面玻窗，
宜冬宜夏；一曰西亭，古樹婆娑，招涼更妙。中為圖書
館，每日上午九時起下午四時止，公開閱覽，惟星期日
停止開放。西偏有公園電影院每日，午后分兩次開映，
近處並設商店數家。其散立於各處之糖果紙烟店，亦有
三四，如星羅棋布。荷池之旁淺草平鋪，故夏夜明月皎
皎，繁星閃閃，微風裊裊，疏柳依依，三五成羣，蹀躞
於草地，徙倚於遊棲，亦城中之勝概也。

公園之西，為「公共體育場」在也。夕陽西下，
人影幢幢，皆少年來作球戲者，並設置跳高架、籃球架
等，深為一般青年之欣賞也。

北　局

在觀前大街之南，從金門去人力車約二角有零。

北局舊為一荒地，四面多土墩，西隅為消防隊駐
地，內有警鐘樓，其高矗雲霄，似北寺塔不相上下，以
防火警之需。後建小菜場一所，每晨菜攤羅列，附近之
居民為之便利多多，並將是處土墩，坌為地，乃闢為大
規模之商場。其中建築物最稱雄華壯麗者，為新創設之
新蘇飯店，及東吳大戲院，是白院常映有聲影片。近更
有中央大戲院對峙在前，惟所演者為新劇。其旁另一戲
場尚未築成也。在青年會之大門前，北局之中間，設立
一小公園，其中佈置精華，花樹叢立，近已建築落成，
亦城中拓寬街道，新創建設中之異彩也。

　　北局之北，即青年會，為北局之門戶，其中主事者，多基督教徒，內有彈子間、籃球場、閱書報室、浴室、西菜室、電影部等等，以供公餘暇時之娛樂場焉。

附編　雜記

蘇州之沿革

　　蘇州本春秋時吳國之都，吳王闔閭及其子夫差，據之以與越國爭霸者也。秦漢置會稽郡後漢置吳郡，隋置蘇州，蘇州之得名始此。宋為平江府，元為路。明改蘇州府，清因之，為江蘇省治，舊分吳縣、長洲、元和三縣。民國後，省有移甯，統稱吳縣。西南臨太湖界浙江，為吳縣舊境；北蔽無錫、常熟，為長洲舊境；東接崑山，為元和舊境；湖內東、西洞庭山，為太湖、靖湖二廳舊境。實兼幷舊日五廳縣之地。至民十六，國軍奠定後，曾一度以城廂改為蘇州市，不一年卽廢市，仍為縣，惟統稱為吳縣，不以長洲、元和名矣。蘇州城週圍凡三十有六里，在春秋時有城門八，遞嬗至從，存六門，曰閶、曰胥、曰盤、曰葑、曰齊、曰婁。民十三闢一門于北寺後，曰平，門外建一橋，為貝民獨資經營者，厥名梅村，蓋貝氏潤生之尊翁諱也。旋又于橫馬路內闢一門，曰新閶，復成昔之八門。今因開拓幹路，便利車馬，更於新閶門旁，改建一羅馬式之金門，門成，杜新閶，出入咸於此門矣。

附記

　　盤門外青陽地，係光緒甲午馬關條約開闢商埠，分作三部分，東為各國租界，中為日本租界。自日租界至西吉水橋止，即為中國自闢商埠，當時名為商務公司地界。

全邑市鄉

蘇州	南北橋鎮	尹山鄉	東前山鄉	泑涇鄉
滸關鎮	周莊鎮	郭巷鄉	西華鄉	東橋鄉
陸墓鎮	陸墓鄉	善人橋鄉	東後山鄉	香山鄉
湘城鄉	黃埭鄉	蠡墅鄉	西山鄉	五潨涇鄉
木瀆鎮	甪直鄉	金墅鄉	車坊鄉	唯亭鄉
橫涇鎮	光福鄉	斜塘鄉		

火車

　　蘇州車站距齊門二里、距閶門四里；官瀆里車站距婁門二里；蘇至滬五三‧五哩；蘇至錫二六‧五哩；蘇至常五〇‧五哩；蘇至鎮九七哩；蘇至甯一一三‧九哩。

水程

　　閶門起至滸墅關三〇里、無錫八五里。閶門起至吳江四〇里、北坼六〇里、平望八〇里、震澤一一八里、南潯一三〇里、湖州一九〇里、杭州三五〇里、同里四〇里。盤門起至嘉興一四〇里。婁門起至唯亭三〇里、正義四〇里、太倉一一〇里。齊門起至蠡口二五里、吳塔五〇里、常熟七五里。

輪船

開往地點	經過地點	輪船局名	停泊碼頭	開行時刻
木瀆	橫塘	老公茂	胥門秦讓橋塊	上午八時 下午一時
東山	橫涇、浦莊、採蓮橋、前山、後山	老公茂	胥門秦讓橋塊	上午九時
上海		招商	萬人碼頭	下午三時
常熟	齊門、陸墓、蠡口、吳塔、張家殿	招商 老公茂	閶門外太子碼頭	上午七時 上午十時
盛澤	吳江、北坼、黎里、平望	新記	萬人碼頭 上午十一時半	
湖州	吳江、北坼、平望、梅堰、震澤南潯	慶記	萬人碼頭	上午七時
上海		戴生昌	萬人碼頭	下午三時
杭州	吳江、北坼、平望、震澤、南潯、湖州、菱湖	戴生昌	萬人碼頭	下午三時
甪直		公記	萬人碼頭	上午十時半
嘉定		甯紹	萬人碼頭	上午八時
同里		蘇同	萬人碼頭	下午一時
吳江		吳江	萬人碼頭	下午三時半
黎里		洽記	萬人碼頭	下午一時半
震澤		慶記	萬人碼頭	上午十一時半
滸墅關		利滸	廣濟橋塊	上午九時 下午一時
嘉興		甯紹	萬人碼頭	下午七時半
黃埭		慶記	齊門城門口河埠	上午十二時
橫涇		甯紹	萬人碼頭	下午十一時
蕩口		招商	平門外蕩口碼頭	下午一時

駐蘇轉運公司

牌號	電話	駐蘇地點	經過路線
中華捷運	一〇九九	錢萬里橋	滬甯　京奉　滬杭　隴海　津浦
通商	一六〇八	太子碼頭	滬甯　津浦
中華捷發	五七二	古寺巷	滬甯　滬杭甬　津浦
運輸		錢萬里橋	滬甯　滬杭　津浦　京奉　隴海
悅來	六六九	錢萬里橋	滬甯　津浦　膠濟
瑞大	一四八二	錢萬里橋	滬甯　津浦　膠濟
茂新恆	六六三	錢萬里橋	滬甯　滬杭　津浦　滬杭甬
同益	六七七	錢萬里橋	滬甯　滬杭甬
瑞泰恆	八六四	錢萬里橋	滬甯　津浦
華盛義	四七二	錢萬里橋	滬甯　滬杭甬
永泰隆		錢萬里橋	滬甯　滬杭甬
匯通		車站	滬甯　滬杭　津浦　京奉　隴海　膠濟
大通		車站	滬甯（專運銀洋）
鼎通	八五九	錢萬里橋	滬甯　滬杭甯

郵局

總局		閶門外馬路廣濟橋南
支局六	第一支局	護龍街（合村坊口）
	第二支局	養育巷（廟堂巷口）
	第三支局	醋坊橋（巳停辦）
	第四支局	覓渡橋（葑門外）
	第五支局	磚橋（葑門內）
	第六支局	跨塘橋（齊門內北街）
	第七支局	中市（閶門內西中市）
全邑通郵處所		木瀆、唯亭、甪直、北庫、北橋、周莊、光福、湘城、渡村、浦莊、黃埭、斜塘、黃涇、蠡口、西山、陸巷、陸墓、陳墓、車坊、蠡市、楓橋、橫塘、滸墅關、外跨塘、善人橋、太平橋、周鐵橋、通安橋、金墅鎮、西華鎮、東渚鎮、東頭鎮、西津橋、陸巷村、楊灣村、石橋村、東洞庭山

街道

城內東西幹路有四：

一桃花塢北街婁門大街。

一閶門內西中市東中市都亭橋接駕橋古市巷東西白
塔子巷。

一道前街府前街衞前街十梓街嚴衙前天賜莊。

一侍其巷三多巷書院巷大太平巷十全街葑門大街。

南北幹路有七：

一自閶門內皋橋起吳趨坊學士街。

一自崇真宮橋起中街路養育巷司前街駙馬府堂。

一河沿街道堂巷王天井巷西美巷。

一自北寺塔起護龍街三元坊。

一齊門大街臨頓路。

一倉街。

一平江路。

其他街道概為以上各幹路之支路：

馬路幹線。

火車站至閶門石路口。

石路口至胥門由斯衕口。

由斯衕口至盤門。

盤門至覓渡橋。

支路閶門鴨蛋橋南橫馬路。

廣濟橋西留園馬路。

城外街道除馬路外：

閶門南濠街北濠街山。

塘街上塘街下塘街。

胥門棗市。

齊門外大街。

婁門外大街。

舟車價

（下表節錄三新旅館所定，均以該旅館為起點）

馬車送到價目	火車站四角	盤門四角
	留園三角	二馬路七角
	西園四角	洋關一元三角
	胥門二角	
快船	有蘇州快、無錫快之別。蘇州快又有雙開門、單開門及六把椅、四把椅之稱。蘇快船之點心、船菜均有名，每與船價混合講定，酒資另給。普通雇用小快船視路之遠近兩、三元不等。膳費若干可先行說明，酒資亦另給。	
人力車價目	火車站至閶門二角	閶門至齊門二角半
	閶門至胥門一角半	閶門至留園一角
	胥門至盤門一角半	閶門至西園一角
	盤門至覓渡橋二角半	閶門至觀前二角
	閶門至楓橋二角	婁齊葑胥盤平金門至觀前二角

航船

開往地點	停泊碼頭	開行時刻	開往地點	停泊碼頭	開行時刻
渡村	閶門內水仙廟前	上午八時	洞橋	通貴橋頭	下午一時
光復	閶門外洋橋下	上午七時	甪直	閶門燕子河頭	上午八時
西山	金亭碼頭	上午九時	陳墓	萬年橋下	上午八時
鎮夏	水仙廟河岸	上午九時	盛澤	南新橋北堍	下午二時
橫涇	閶門外洋橋下	上午九時	盛鎮	南新橋北堍	下午三時
善人橋	萬年橋堍	上午九時	黎里	萬年橋下	下午一時
前莊	棗市	上午九時	震澤	閶門中水弄	下午三時
香山	萬年橋堍	上午九時	車坊	萬年橋堍	下午三時
東山	永安弄	上午九時	朱家角	姚家弄口	上午十時
水口	永安弄	下午一時	郭巷	葑門外	下午三時
浦莊	洋橋下	下午二時	斜塘	葑門外吊橋北	下午二時
前莊	棗市	上午九時	崑山	齊門外大街	上午九時
光福	洋橋	下午二時	甘露	齊門外大街	下午二時
嘉善	萬年橋	上午九時	瀏河	齊門外大街	上午十一時
石塘	水仙廟前	下午八時	蕩口	齊門外大街	下午二時
橫塘	萬年橋	上午九時	南橋	齊門外大街	下午一時
新郭里	萬年橋	下午一時	塘市	婁門吊橋	上午八時
木瀆	萬年橋	上午八時	南翔	婁門吊橋	上午八時
沙頭	醃豬河頭	上午五時	陸巷	婁門外	上午七時
常熟	北碼頭	下午四時	小莊橋	婁門吊橋	上午十二時
常州	閶門吊橋下	下午六時	湘城	婁門塘坊灣	下午三時
南潯	萬人碼頭	上午七時	唯亭	婁門外下搰埠頭	下午二時
湖州	萬人碼頭	下午三時	顧巷	婁門外下搰埠頭	下午二時
杭州	萬人碼頭	下午五時	蕭涇	婁門外下搰埠頭	下午二時
松江	北碼頭	上午十時	眞儀	婁門外下搰埠頭	下午二時
崑山	北碼頭	下午三時	外跨塘	婁門外	下午三時
嘉定	北碼頭	上午五時	南巷	官瀆橋	下午三時
無錫	閶門吊橋	上午十時	吳江	胥門萬年橋	上午八時
石牌	醃豬河頭	上午十時	同里	萬人碼頭	上午八時
丹陽	閶門吊橋	上午七時	周莊	萬年橋下	上午九時
紹興	閶門吊橋	下午一時	江陰	觀音閣	下午四時

公署

名稱	地點	電話號數
吳縣縣政府	府前街	四九
吳縣徵糧處	舊吳署	一〇七九
吳縣建設局	舊吳署	三六〇
江蘇高等法院	道前街	二五六
吳縣地方法院	桃花塢	六六〇
江蘇第三監獄	吳縣橫街	一四九五
吳縣模範監獄	小柳貞巷	四六
蘇關監督公署	書院巷	七五四
蘇州洋關	覓渡橋	三〇
稅務公所	包衙前	四四九
吳縣財政局	舊吳署內	一七五五
稅務公所	齊門外	一三五二
捲煙煤油稅分局	南陽里	一二〇八
屠宰稅徵事務所	元妙觀	一七九二
日本領事署	四馬路	一五

公共機關

名稱	地點	電話號數
吳縣縣黨部	舊皇宮	一三八六
吳縣教育局	王廢基	四二
太湖水利委員會	大郎橋巷	七六四
公共體育場	王廢基	七三〇
通俗教育館	舊學前	九七三
蘇州圖書館	王廢基	一一九三
吳縣款產處	舊元和署	四一
第一感化院	王廢基	一三二九
報界協會	東中市	一五六一
救火聯合會	觀前北局	一七三
吳縣縣商會	西百花巷	六五〇
電話局	閶邱坊巷	八
電話局問訊處	閶邱坊巷	五〇〇

名稱	地點	電話號數
電報局	天庫前	四四二
青年會	觀前北局	五四四
樂羣社	宮巷	一六二
普益社	鴨蛋橋	一二三七
鹽公堂	吳衙場	六八一
郵政總局	鴨蛋橋	三〇八
火車站	平門外	三一九
城廂第一區公所	北街奉直會館	
城廂第二區公所	城內醋庫巷	
城廂第三區公所	閶門外寶蓮寺	
第一區公所	滸墅關	
第二區公所	木瀆鎮	
第三區公所	光福鎮	
第四區公所	望亭鎮	
第五區公所	橫涇鎮	
第六區公所	陸墓鎮	
第七區公所	湘城鎮	
第八區公所	北橋鎮	
第九區公所	唯亭鎮	
第十區公所	甪直鎮	
第十一區公所	周莊鎮	
第十二區公所	黃埭鎮	
第十三區公所	斜塘鎮	
第十四區公所	郭巷鎮	
第十五區公所	五溇涇鎮	
第十六區公所	蠡墅鎮	
第十七區公所	東前山鎮	
第十八區公所	香山後塘橋鎮	
第十九區公所	西山鄉鎮	

公安

名稱	地點	電話號碼
吳縣縣公安局	書院巷	一一一四
吳縣警察大隊	府前街	一一六〇
警察教練所	府前街	一一六九
水警第三區署	胥門外	二一八
水警游擊隊	盤門外	四八六
公安局偵緝隊	東善長巷	一一六二
第一分局	皮市街	一一四一
第一分駐所	臨頓路	一一一七
第二分駐所	華陽橋	一一一九
第三分駐所	婁門外糖坊灣	一一二一
第四分駐所	齊門東匯	一一二三
第五分駐所	平門口	一一七二
第六分駐所	神仙廟	一一四五
第七分駐所	寶林寺	一一四四
第八分駐所	老閶門	一一四七
第一分局第一派出所	因果巷	一一四二
第二分局	十梓街	一一五二
第一分駐所	盛家帶	一一二八
第二分駐所	陰元和弄	一一二九
第三分駐所	元妙觀	一一三〇
第四分駐所	景德路	一一三七
第五分駐所	富郎中巷	一一三五
第六分駐所	駙馬府堂	一一三三
第七分駐所	葑門外陳家鄉堂	一一三二
第二分局第一派出所	十全街五龍堂	一一二六
第三分局	閶門外大馬路	一一七五 一一四八
第一分駐所	胥門外水仙廟	一一五五
第二分駐所	橫馬路	一一五四
第三分駐所	楓橋	一一二七

名稱	地點	電話號碼
第四分駐所	胡家墩	一一五二
第五分駐所	四擺渡	一一五一
第六分駐所	半塘橋	一一四九
第七分駐所	盤門馬路	一一五六
督察處	書院巷	一一七七
保安隊	書院巷	一一六〇
騎巡隊	書院巷	一一六一
偵緝隊	東善長巷	一一六二
消防隊	觀前北局	一一六三
警鐘樓	觀前北局	一一六四
水巡隊	胥門外	一一六五
水巡分隊	胥門外	一一六六
水巡派出所	覓渡橋	一一六七
水巡派出所	霸基橋	一一六八

會館

錢江（桃花塢）	潮州（上塘橋上塘）	江西（西美巷）
浙紹（盤門新橋巷）	嶺南（山塘通貴橋）	江西（閶門外留園西）
武陵（上津橋西）	三山（胥門外）	奉直（北街）
浙江（楊安浜西）	雲貴（十全街）	中州（胥門外天啟橋）
新安（廣濟橋西）	白石（山塘洞橋）	廣東（山塘通貴橋）
新安（齊門外）	全浙（長春巷）	嘉應（棗市上）
湖南（通和坊）	浙甯（閶門外南濠）	兩廣（侍其巷）
陝西（山塘毛家橋）	金華（南濠）	汀州（上津橋上塘）
山東（山塘毛家橋）	安徽（南顯子巷）	震漳（胥門外）

同業公會

名稱	地址	名稱	地址
印刷業	西中市文新	藥材行業	閶門山塘街
絲業	祥符寺巷	菜荳油棉業	富仁坊橫巷
蘇線布襯業	北濠弄	竹商業	葑門外
典業	顏家巷	銀行業	德馨里
煤筋業	西津橋北長浜	華洋布業	閶門內寶林寺巷
桐柏油業	中街路	飲片藥業	舊學前
錢業	東中市	理髮業	馬醫科
旅業	北兒橋	木業	齊門外西匯
粮食行	東北街	油醬酒業	大井巷
衣業	塔倪巷	紗緞業	祥符寺巷
茶業	苦兒院後	南北海貨糖業	閶門外黃家巷
線業	蔣家巷	鉄機絲織業	祥符寺巷
金銀業	周五郎巷	繡業	神仙廟西間壁
箔業	上塘街	革製業	二門口
米業	菉葭巷	綢緞業	閶門內文衙弄
燒酒業	小日暉橋	珠晶玉業	周王廟弄
五金翻砂業	楊家院子巷	水灶業	丁家巷
葷油業	丁家巷四號	豬行業	豬行河頭
石灰窰業	婁門外塘		

報館

名稱	地點	電話	名稱	地點	電話
蘇州明報	橫馬路	一四四	大公報	蔡匯河頭	一六二四
日出一大張售銅元五枚			日出一大張售銅元五枚		
吳縣日報	東中市	一四三一	大吳語	橫馬路	一五一七
日出一大張售銅元五枚			日出一小張售銅元三枚		
蘇州日報	東中市	一六三一	蘇州商報	通桂坊	
日出一大張售銅元五枚			日出一大張售銅元五枚		
中報	東中市	一五六一	大光明	東中市	
日出一大張售銅元五枚			三日出一小張售銅元五枚		
吳縣市鄉公報	宮巷	七二〇			
日出一大張售銅元五枚					
上海報紙之在蘇設分館者有：新聞報分館（東中市電話八四七）、申報分館（東中市電話一四四九）、時報分館（都亭橋）、時事新報分館（東中市）、民國日報分館（東中市）。					

學校

名稱	地點	電話
東吳大學	天賜莊	一四二
東吳第一中學	天賜莊	一四三
蘇州中學	三元坊	二七二
蘇州女子中學	盤門新橋巷	二九八
蘇州中學初中部	草橋	五五
蘇中實驗小學	三元坊	二六〇
農業學校	下津橋	四五五
女子職業中學	學士街	七八六
美術專科學校	滄浪亭	八二二
中山體育學校	舊長洲署	一三九六
成烈體育學校	三元坊	五一九
縣立中學	滄浪亭	七七〇
晏成中學	謝衙前	四〇六
萃英中學	義慈巷	一二八九
振聲中學	馬醫科	一七四〇
桃塢中學	桃花塢	六〇二
紗緞業立學校	祥符寺巷	九〇
澄華女學	顏家巷	九一
英華女學	慕家花園	六三
振華女學	帶成橋下塘	一七四三
純一學校	吳縣橫街	一〇三〇
慧靈女學	謝衙前	一八八一
景海女學	天賜莊	二一一

教會

名稱	地點	電話
青年會	北局	五四四
樂羣社	宮巷	一六二
普益社	鴨蛋橋	一二三七
以上三處均有理髮室、浴室、彈子房、閱書報處及電影等，並附設多種補習學校。		
思杜堂	養育巷	
救世講堂	慕家花園	
聖公會	桃花塢	四四三
耶穌堂	大衛衖	二四七
清眞寺（回教）	砂皮巷	
天主堂	東北街	
新民社	東中市	九四一
浸會堂	蘋花橋	
以上均有閱書報處。		

醫院

名稱	地點	電話	名稱	地點	電話
光民醫院	慕家花園	一八〇	維達醫院	黃鸝坊橋弄	一二六〇
蕭雍醫院	廣濟橋	一五四一	廣濟醫院	齊門外西匯	一三〇二
胥江醫院	橫馬路		養岩醫院	西善長巷	一二
壽威醫院	護龍街	一七九〇	東來醫院	因果巷	一六一
城中醫院	察院場口		婦孺醫院	上津橋	八一九
更生醫院	火車站四擺渡	三三八	濟民醫院	禪興寺橋	四四四
福音醫院	齊門洋涇塘	三二四	幾道醫院	甯波會館	一一
博習醫院	天賜莊	三四	廣慈醫院	新民橋	五八九
蘇州醫院	燕家巷	二五八	蘇蘇醫院	廣濟橋	一五四一
蘇民醫院	鉄香爐	一〇二九	志華產科醫院	蕭家巷	二〇四
持德醫院	張廣橋下塘	四七九	大同產科醫院	舊學前	七一
福民醫院	閶門外橫馬路	一二四四	廣育產科醫院	衛前街	五八
卜熊醫院	護龍街	九七八			

醫生

中醫內外科		
名稱	地點	電話
曹滄洲	閶門西街	二〇八
顧允若	富郎中巷	七三
蔣似柏	通河坊	三八一
陳文卿	伊家浜	一三四三
張繩田	馬醫科	四八五
顧福如	甫橋西街	七五〇
陳欽濼	皮市街	三二七
殷范企（傷科）	思婆巷	一〇九二
徐效三	大柳貞巷	一二八二
侯錫蕃	喬司空巷	七二
王逸儒（內外科）	護龍街	
董韻笙（內科）	嘉餘坊	
沈效山（內科）	西北街	
金昭文	閶門西街	
胡頌魯	王洗馬巷	
王慎軒（婦科）	吳趨坊	
鄭燕山（婦科）	護龍街尚書里口	
季愛人（傷科）	司前街	
王卓若（內外科）	賽金巷	
西醫		
名稱	地點	電話
戴梅侶	蘋花橋	二七八
蔣育英	嚴衙前	九九一
龐新聲	嚴衙前	九八
范補程	飲馬橋南	七九三
江兆蘭	通貴坊	
陳魯珍	調豐巷	五三八
楊濟之	調豐巷	一九〇
章守成	鐵瓶巷	四八八
顧諫庭	鐵瓶巷	一一九六
唐仁繻	幽蘭巷	一〇八
沈霄鶴	史家巷	一二四八
沈復初	西支家巷	五九
成頌文	天賜莊	一五八
王其相（牙科）	觀前洙泗巷	一三一七

律師

名稱	地點	電話	名稱	地點	電話
詹紀鳳	景德路		胡士楷	醋庫巷	一四六〇
孫方鎮	十全街		朱潤	東吏庫	一二九四
錢崇固	顏家巷	一四二三	李振霄	申莊前	一四
謝翰藩	申莊前	一四五二	沈楚青	新橋巷	七六一
潘承諤	廟堂巷	五五五	王昭	金太史場	一三
費廷璜	大太平巷	五五八	張鼎	胥門外馬路	八三三
章世羨	十全街	一七一〇	金德耀	干將坊	
張家鎮	瓣蓮巷	一三二二	周慶高	景德路	
張一鵬	長春巷	一二一五	周中浩	水潑粉橋	
朱輔成	長春巷	五〇七	宋銘勳	夏候橋	一一七
陸鴻儀	倉米巷	七六	吳超	西美巷	一八七九
徐均燨	曹家巷	一七八	夏鼎瑞	桃花塢	七一八
唐慎坊	幽蘭巷	一〇八	陸象如	護龍街	一五二五
夏喆烑	三多巷	七五八			

公司

名稱	地點	電話
德華蘇繡實業公司	西中市	六四八
德士古煤油公司	橫馬路	三九七
德餘煤油公司	南濠街	
景德百貨公司	觀西	一九四六
兄弟百貨公司	觀東	
華大呢絨服裝公司	觀西	二六七
聯和呢絨服裝公司	觀西	七九四
匯羅百貨公司	閶門外	
餘昌眼鏡公司	觀西	七九七
錢恆森百貨公司	觀西	
廣生行有限公司	西中市	八〇八
福中公司	火車站	一〇七三
美孚煤油公司	閶門外	四〇二
英美烟公司	閶門外馬路	四五九
南洋烟草公司	閶門外馬路	六〇一

名稱	地點	電話
亞細亞煤油公司	閶門外	九七〇
	太平坊	三五七
合興煤油公司	葑門外	七六二
永明人壽保險公司	南陽里	一四九
華安人壽保險公司	養育巷	二二七
九豐麵粉公司	山塘街	一〇五一
榮昌興煤公司	南碼頭	九二四
大同麵粉公司	下塘街	一〇五二
恆豐麵粉公司	新民橋	一四八四
茂新麵粉公司	新民橋	六二四
泰豐五金公司	觀前街	七七一
泰隆麵粉公司	山塘街	一四九九
馬鎔興牛肉公司	渡僧橋	一三八七

工廠

名稱	地點	電話
源盛絲廠	盤門外	六七
源盛東廠	覓渡橋	一五一
蘇綸紗廠	盤門外	六八
鴻生火柴廠	胥門外	二五九
燮昌火柴廠	胥門外	七〇七
竟成造紙廠	閶門外楓橋	九八三
武林鐵工廠	南顯子巷	一〇六七
蘇州電氣廠	胥門外棗市	二一四
華豐織布廠	蔣廟後巷	一五七四
橋本鈕釦廠	日租界	一〇三五
瑞記水廠	胥門外	五三二
華英水廠	大日暉橋	五二四
公興金冰廠	胥門外	一一九〇
天沍冰廠	胥門外	五七
振亞織物公司	倉街	九七
振亞電織工場	高駁岸	八三〇
東吳鐵機廠	閶邱坊巷	一〇二七
美綸絲織廠	閶邱坊巷	七九五
華章造紙廠	滸墅關	
蘇邁爾磚瓦廠	覓渡橋	

銀行

名稱	地點	電話
中國銀行	觀前街	一〇二一
中國銀行	西中市德馨里	三六六
交通銀行	西中市	三八九
交通銀行辦事處	觀西	一九四一
江蘇銀行	西中市德馨里	二六九
吳縣田業銀行	觀前街	七七九
上海銀行	西中市	六七〇
上海銀行辦事處	觀西	六六
國華銀行	觀前街	六一二
國華分行	養育巷	一九六七
中國實業銀行	觀西	一九七〇
信孚銀行	觀西	九一
信孚銀行辦事處	西中市	一八一〇

錢莊

名稱	地點	電話	名稱	地點	電話
久源莊	西中市	三八三	晉生莊	東中市	六三二
仁昌裕莊	西中市	三四〇	永生莊	西中市	三三三
順康莊	西中市	三四八	瑞元莊	德馨里	九〇三
永隆莊	西中市	一七九九	豐泰莊	德馨里	三四一
元順莊	西中市	六三一	恆利莊	西中市	三八四
升昌莊	西中市	一二六四	恆餘莊	東中市	九二二
裕元莊	東中市	四八九	茂生莊	皋橋	八四八
鴻源莊	西中市	三四四	復豫莊	西中市	三四七
永豐莊	西中市	三三七	義康莊	觀前街	六一
義成裕莊	西中市	四一九	義大莊	觀前街	七二八
協豐莊	西中市	四九二	義源莊	東中市	六四九
萃生莊	西中市	六一七	福大莊	西中市	四四一
慶泰莊	西中市	一五三	久豐莊	觀前街	一三〇〇
保大莊	觀前街	一八六			

典當

名稱	地點	電話	名稱	地點	電話
上同昌典	婁門外	四五六	洪昌典	南倉橋	二三二
下同昌典	婁門外	六五七	洪盛典	閭邱坊巷	二三三
大順典	鐵瓶巷	二三九	安泰典	齊門外	四三七
仁和典	盤門外	二六七	元亨典	陸墓鎮	一四八一
元昌典	下塘街	四五〇	大德典	任蔣橋	一四〇八
可大典	閶門外上塘街	二四一	大裕典	護龍街	一四四六
同順典	吳趨坊巷	四五一	保裕典	迎春坊	九四八
豫昌典	道前街	二三六	順興典	吳衙場	二二八
豫昌典	廟堂巷	二三七	裕源典	侍其巷	二三〇
恆大典	吳縣前	九一一	裕源典	司前街	二三一
茂源典	瓣蓮巷	一五七	源康典	大太平巷	二四〇
保大典	上塘街	三四九	鼎和典	胥門外	七九
泰亨典	碧鳳坊	二二九	福源典	半塘街	四五三

銀樓

名稱	地點	電話
恆孚銀樓東號	觀前街	七七
恆孚銀樓西號	西中市	三三〇
彩鳳銀樓	觀前街	一六三
天豐恆銀樓	西中市	三五一
天豐銀樓	觀前街	五三〇
天成銀樓	觀前街	七六三
老萬年銀樓	道前街	八〇
鳳寶銀樓	接駕橋	

綢緞布疋業

名稱	地點	電話	名稱	地點	電話
天祥	觀前街	三二	祥大	西中市	三七九
怡和祥	觀前街	八二	瑞泰豐	觀前街	七〇二
乾泰祥	觀前街	二三八	瑞信泰	觀前街	五七三
老人和	西中市	六三九	久昌德記	觀前街	五三四
同仁和	觀前	六六二	公正祥	都亭橋塊	六一五
大亨	宮巷	二二六	九章	西中市	八四九
瑞和祥	觀前街	二〇	餘綸	西中市	四四六

書業

名稱	地點	電話
小說林書社	觀前街	二九二
振新書社	觀前街	五六二
世界書局	觀前街	一四七九
商務印書館	觀前街	二九〇
文怡福記書局	觀前街	
交通益記書局	觀前街	
綠蔭堂書局	西中市	
掃葉山房	西中市	
平江書局	觀前街	

印刷業

名稱	地點	電話
文新印刷公司	閶門內西中市	八九一
利蘇印書社	觀前街	二二一
華商印刷所	西中市	一四〇一
江蘇印務局	養育巷	七九〇
大蘇印刷所	觀前青年會	一四一四
毛上珍印刷所	臨頓路	一六一二
東亞石印局	護龍街	一八二六

藥房

名稱	地點	電話
太和大藥房	觀前街	五二〇
中英大藥房	觀前街	五三七
中法久記大藥房	西中市	七九八
華英大藥房	觀前街	一三四
華美大藥房	觀前街	一二二〇
東吳大藥房	西中市	一二六四
中西大藥房	觀前街	
五洲大藥房	西中市	
天濟大藥房	南濠街口	
中央大藥房	觀西	

照相館

名稱	地點	電話	名稱	地點	電話
柳村照相館	觀前街	二一七	金龍	護龍街	一二五九
美麗照相館	宮巷	五一六	中華守記	觀前街	一九一五
古鏡樓	大馬路	三七三	康生	觀前街	
瑞記照相館	宮巷		旭初	牛角浜	
大光明	察院場		擁翠山房	大馬路	
松石軒照相館	觀前街		虎邱山莊	虎邱	
興昌照相館	護龍街				

旅館

名稱	地點	電話
花園飯店	新民橋	五五四
鐵路飯店	廣濟橋南丁家巷	八二〇
鐵路飯店花園	廣濟橋南丁家巷	八八二
蘇州飯店	廣濟橋塊	六二九
東吳旅社	廣濟橋南	一二六四
東吳旅社賬房	廣濟橋南	一三一二
大東旅社	廣濟橋南	一四六一
大東旅社前樓	廣濟橋南	一四六二
大東旅社後樓	廣濟橋南	一四六三
大東旅社官房五八號	廣濟橋南	一四六四
大東旅社官房六〇號	廣濟橋南	一四六五
惠中旅社	鴨蛋橋西	三五五
三新旅社	廣濟橋南	九九二
三新旅社賬房	廣濟橋南	九三七
老蘇台旅社	鴨蛋橋西	三五六
新蘇台旅社	鴨蛋橋西	八一三
新蘇台旅社二樓	鴨蛋橋西	八一四
新蘇台旅社三樓	鴨蛋橋西	八一五
第一旅社	鴨蛋橋東	九六四
利昌旅社	鴨蛋橋東	九一六
中華旅社	鴨蛋橋東	三四二
吳郡旅館	大馬路	八六九
大新旅館	丁家巷	一三二四
新聞旅館	橫馬路	二二三

名稱	地點	電話
新新旅館	鴨蛋橋浜	一〇八一
瀛洲旅館	外馬路	八八〇
名利旅館	大馬路	三六三
大行台旅館	姚家弄	八八九
惟盈旅館	錢萬里橋	
以下在城內		
城中飯店	宮巷	一六五
城中飯店樓上	宮巷	一六六
中央飯店	郡廟前	一五三五
園東飯店	景德路	七四八
新蘇飯店	北局	一八五四
大陸飯店	觀前大街	一五三三
安東飯店	觀前洙泗巷	四二三
榮和旅館	蕭家巷	九五二
蘇城飯店	司前街	一二三九
大中旅社	西善長巷	一三四二
榮華旅館	西中市下塘	一三〇四
同義公	西中市	九〇二
以下日本料理		
繁洒家旅館	盤門二馬路	一〇二九

浴所

名稱	地點	電話	名稱	地點	電話
雙龍池	閶門鴨蛋橋西	三〇一	洗清池	天燈弄	
天一池	閶門外楊樹里	一六七六	聚興園	太監弄	
洞馥泉	閶門外樂榮坊	一一〇四	復興園	太監弄	
日新園	養育巷	一二八六	龍復泉	丁家巷	
新新園	閶門鴨蛋橋東		華清池	南童子門	
蓬瀛	觀前太監街		清泉	宮巷	
彙金泉	觀西		雙鳳園	崇眞宮橋西	
新彙金	觀前北倉橋		瀹園	吳殿直巷口	
龍泉	廣濟橋	一七九八	中央	護龍街	

食貨雕刻

蘇城人工製物之著名者，當以麻雀牌為首屈蘇指，因其琢磨光潔，雕刻精緻，前年遠銷歐美，其他內地之主顧樂購者更無論矣。價廉而物美，大多皆在城內閶門下塘一帶，裝璜華麗，尤以觀前之「張萬源」、「屠鴻興」諸家為上乘，有象牙、玩具，固純粹為蘇人之工藝也。

其天產品有「南塘雞頭」、「虎邱糖菌」、「大蕩蓴菜」、「山塘花圃之代代花玫瑰花」、「洞庭白沙枇杷及楊梅」、「洋澄湖蟹」、「車坊荸薺」、「黃埭香瓜」、「蔣園水蜜桃」等等皆膾炙人口。

有名商店之出品舉要言之如次：

采芝齋	觀前	西瓜子（有玫瑰、椒鹽、薄荷三種） 脆松糖（係以松子澆糖而成，無膠牙之苦）
稻香村	觀前	月餅（秋令始有之種類極多）
東祿	觀前	雞肉餃（熱食最妙）
葉受和	觀前	松子黃扞糕（只在清早可購）
陸稿荐	觀前醋坊橋堍	醬肉（他處同店號者甚多，極有好歹可分）
文魁齋	元妙觀中	梨膏糖（有藥製梨膏糖可治咳嗽，甚驗）
馬詠齋	觀前	（有醬雞鴨肉等等，味亦頗美）
老丹鳳	觀前	小羊麵（淨素有麻姑麵）
松鶴樓	觀前	滷鴨麵（只六、七兩月有之）
周萬興	宮巷	米風糕（可定製有脂油者）
毛恆風	觀前	扇
雷允上	西中市	六神丸、痧藥、行軍散（為旅行必需之品）
戎鎰昌	東中市	皮箱
張小全	關帝廟	剪刀（相傳以此處為最老）
恆孚	觀前及西中市	金銀首飾
西興盛	觀前	鼻烟皮絲以異品天香為最
普濟堂	山塘	疳積藥餅
趙一大	東中市	水烟袋

此外，物以類聚足供比較者：

嫁妝木器	范莊前因果巷
估衣	舊學前
珠寶眼鏡	穿珠巷
絲邊排鬢	東中市
生財器具	王天井巷
古玩舊貨	護龍街
錢莊	西中市

菜館

蘇州製菜頗多，馳名菜館徧地皆是，價較海上為廉，人多則全席為合算。

	名稱	地點	電話
西式	鐵路飯店	閶門外丁家巷	八二〇
	蘇州飯店	閶門外廣濟橋堍	六二九
	月宮飯店	北局內	一九七二
	大東旅社	廣濟橋	一四六一
京館	大鴻樓	鴨蛋橋西	三七七
	宴月樓	閶門外馬路	六四三
蘇館	天和祥	蘋花橋	五八八
	大慶樓	閶門外馬路	四六四
	義昌福	閶門外馬路	四三六
	新太和	閶門外馬路	四六一
	松鶴樓	觀前街	八六
	天來福	護龍街通關坊口	一二九
	天興園	養育巷	七七二
	大雅園	養育巷	一二〇六
	三雅園	道前街	二一五
	西德福	東中市	三五四
	榮福樓	臨頓路	九二〇
	金和祥	東中市	四八九
	新和祥	接駕橋	八二七
	鴻運樓	臨頓路	一一八二
	福新園	臨頓路	四八
	復興園	南倉橋	一六四
	義昌福東號	宮巷	五〇六
	德元館	張廣橋堍	三二三

	名稱	地點	電話
徽館	添新樓	閶門馬路	六八六
	太白園	閶門馬路	八四六
	尚樂園	閶門吊橋西首	四三〇
	易和園	玄妙觀西首	七一九
	同新館	閶門外石路	四四七
	民和樓	接駕橋	一八一九
	萬福樓	胥門內府前街	五〇九
	老丹鳳	觀前街	八九
	添和館	西中市	四二〇
	萬源館	都亭橋	四一六
教門	申源樓	閶門外橫馬路	
素饌	功林	阿黛橋	一六九九
	三六齋	太監弄	一四六七
新式菜點	自由農場	觀西	五〇四
	合作農場	北局	一六〇七

　　船菜更為特色，點心一席至少四元，翅席至少十元，船價在外。閶、胥城外及城內各大船皆能烹製，夏令遊荷花蕩，秋節遊行春橋，春季遊虎邱、天平，最為相宜。

茶館

　　吾蘇人士多有茶癖，故城內外茶肆極多，且均高朗爽愷，並有小販兜售點心、糖果，足資消遣。

名稱	地點	電話	名稱	地點	電話
福安	閶門馬路	六九八	如意閣	接駕橋	
長安	閶門馬路	六三七	齊賢居	齊門外	
怡苑	閶門馬路	四九九	金谷	醋坊橋	
嘯雲天	閶門馬路	八〇一	羣賢居	臨頓路	
茂苑	閶門內湯家巷	八三九	三萬昌	玄妙觀	
吳苑	觀前太監弄內	一二二	品芳居	玄妙觀	
桂芳閣	碧鳳坊	五五九	雲霖閣	觀前街	
鳳翔春	胥門內道前街		九如	臨頓路	
胥苑	胥門內養育巷		齊苑	接駕橋	
彩雲樓	察院場	五一一	德仙樓	東中市	
中和樓	東中市		最宜	西北街	

娛樂

　　蘇州雖素擅聲色之娛，然自海上開埠以來，疊山萬壑俱赴荊門斯地小住為佳，未能久留客蹤，以故劇場歌館寥若晨星，所得恧稱者僅如下列。

新舞臺	在閶門外大馬路，電話一二一八，男女合演京劇。日戲下午一時開幕，夜戲下午六時開幕，平常賣座高者六角、二角不一。
東方大戲院	在觀前北局，每日開映有聲片三次，第一次二時半、第二次四時、第三次七時，價目樓上六角、樓下四角。
蓬萊世界	在閶外五福路（留園馬路），係遊藝場性質，舉凡京劇、電影、滑稽戲、魔術、灘簧等無不羅置。門票售大洋三角，另加三分稅收。惟開辦無多時，不能確定永久或暫時也。
中央大戲院	在觀前北局，與東方為對宇，院中日夜開演新戲，售座自二角至六角止。
公園電影院	在王廢基公園中，時間第一次下午二時起，第二次下午四時起，或有時第二次展遲至下午六時起，價目小洋三角，幼童減半。
普益社	在閶外石路口，惟不逐日開映，大概一星期一回，券價旡定，開映回數亦較少，時間均自下午六時起。
青年會	在觀西，乃基督教會，每日開映影片二次或三次，券價分會員二角、非會員三角。
樂羣社	在觀前宮巷，亦基督教會，惟放映各片多係舶來品，故觀者較多而券價亦高，乃社員四角、非社員六角，有時竟售六角、八角。
書場	吳下說書特別發達，娓娓動聽，或講舊史栩栩欲活，其著名之書場有吳苑（太監弄）、錦閣（醋坊橋東）、茂苑（湯家巷）、胥苑（養育巷）數處，日擋下午三時起，夜擋下午七時起，清茗一壺、書籌一支，祇須銅元十餘枚耳。
金閶名花	自前歲國府之廢娼令下，花影匿跡，芳窟頻移，王孫頗難覓得香巢也。

蘇州城廂全圖

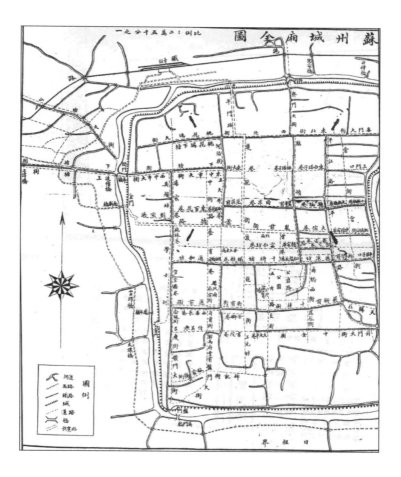

中華民國十年五月初版

中華民國十二年三月再版

中華民國十四年三月三版

中華民國十五年三月四版

中華民國十七年四月五版

中華民國十八年十月六版

中華民國二十年五月七版

蘇州指南

每冊定價二角五分

版權所有

原著者　婁東朱揖文

重修者　吳江范烟橋

校正者　武進費善元

發行者　蘇州文新印刷公司

印刷者　蘇州文新印刷公司

寄售處　蘇州各大書局

蘇州各旅社及留園

虎邱三民實業社

廣告

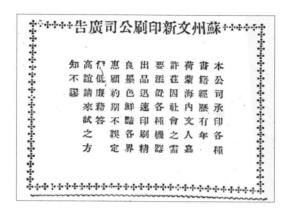

中國近代歷史城市指南

City Guidebooks of Modern China:

Suzhou Section

蘇州篇

新蘇州導游（1939）

目錄

序

地方指南之作，不同夫方志，亦不同夫遊記。遊記者，登山臨水，一時興到，發為文辭，故有止限於一山一水者，有止窮取山水之一角以自成篇者，亦有卽今弔古，感慨欷歔，於山水景物反略而不述者，非所以云指南也。若夫方志，則體類乎史，蒐羅典章，采擷聞見，撰著浩繁，義例嚴謹，舉凡田賦、戶口、職官、選舉、氏族、藝文等自當條分部次，以貽方來。而指南之書則不必若是其詳且審也。蓋地方指南之書，所以備遊人手此一編，可以按圖索驥，藉省導遊者口講指畫之勞，故其書固不能止限於一山一水，當視遊記備且詳。至於政事人文，自可從略，故以比方志，則又當簡且要。蘇州為東南文物之邦，山水明秀，人物清華，春秋佳日，遊屐常臨，指南之書，自不容已。文怡主人周君文達有見於此，因以編纂之事相屬，蟄居無俚，遂檢羣書，排比節次，名勝古蹟，粗存大概，篇章詩詠，間附其後，計為章十有一。周君以附錄殿焉，雖獺祭無當乎清聽，或鴻賓有賴於微助。書旣成，因名之曰新蘇州導游，并為綴數語於弁首。

民國二十七年冬月尤玄父識於白塔寓廬

虎邱塔

虎邱斷樑殿

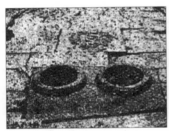

虎邱雙吊桶

虎邱劍池

蘇州山塘河

北寺塔

寒山寺大殿

寒山寺古鐘樓

寒山寺碑

蘇州楓橋

留園

獅子林

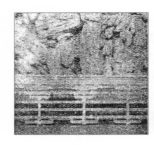

角直唐塑像

角直唐像

第一章　蘇州概說

第一章　蘇州概說

　　蘇州自昔稱為文物之邦，良以山水清嘉，風景幽蒨，實占東南之勝，以是四方來游者常與浙之杭州並稱，而「上有天堂，下有蘇杭」之語，遂傳遍遐邇矣。蓋蘇浙比隣，而蘇之蘇州，浙之杭州，則為東南之二大都會焉。歷代騷人墨客之流寓或生長蘇州者，低徊景物，每多一唱三歎，發為詩歌，散見各家集中，實不勝述。茲錄明代唐寅二詩於左，以見蘇州風物之盛焉。

閶門卽事　唐寅

　　　世間樂土是吳中，中有閶門又擅雄；
　　　翠袖三千樓上下，黃金百萬水西東；
　　　五更市賈何曾絕，四遠方言總不同；
　　　若使畫師描作畫，畫師應道畫難工。

齊門散步　唐寅

　　　吳王城裏柳成畦，齊女門前水拍堤；
　　　賣酒當壚人嫋娜，落花流水路東西；
　　　平頭衣襪和鞋試，弄舌鉤輈繞樹啼；
　　　此是吾生行樂處，若為詩句不留題。

　　右詩雖衡之今日，已時移世易，桑田頻更，然後來

勝昔，益事增華。此蘇州之所以為蘇州，而可與天堂並稱歟。

　　本書為備導游而作，故政事人文，自可從略。然訪古問俗，游者咸有同心，則蘇州沿革亦不可不略述之如次焉。

　　蘇州為昔禹貢揚州之域，闢草萊者，周泰伯仲雍也。古公卒，泰伯三以天下讓於季歷，卒偕仲雍還荊蠻國，民君而事之，自號曰句吳。見吳越春秋，孔子稱泰伯為至德。今城內干將坊有讓王廟，卽祀泰伯以寓其景止之思。而蘇人之雍容爾雅，好讓不爭，雖謂食泰伯之德可也。是謂蘇州之開闢時期，故城在今無錫縣境內。

　　降及春秋，吳王闔閭及其子夫差據蘇州以為國都，而與越爭霸。周敬王六年，闔閭使伍子胥城之，於是子胥相土嘗水，象天法地，造築大城周迴四十七里，小城周十里，名曰姑蘇，後被併於越，嗣屬楚，封春申君於此。今城內鐵瓶巷及王洗馬巷均有春申君祠，是謂蘇州之光大時期。至蘇人好文，則沐言子之惠。言子名偃，字子游，春秋時吳人，孔子弟子，孔門四科中言子列文學，與子夏並稱焉。今城內干將坊有言子廟。

　　自是而後，秦置會稽郡，後漢置吳郡，隋置蘇州，蘇州之得名以此。宋為平江府吳郡，屬兩浙路，復改屬浙江路。元為平江路，屬浙江行省，此蘇州之所以又稱平江也。明改蘇州府，清因之，屬江蘇省，舊分長洲、元和、吳三縣，今統稱吳縣。至吳縣之得名，則始於秦，

蓋亦甚古矣。

　　蘇城又稱闔閭城，隋開皇中嘗一度徙之于城西南橫山下黃山之東，唐武德末復遷至舊城，自是代有重修。月城則築于元末張士誠入據之時。明太祖平士誠，復新其城，為蘇州府城。清康熙元年復改築城垣，拓女牆。今城周四十五里，合二五·九二公里，或云三十六里，合二〇·七三六公里；長五千六百五丈，合一七九三六公尺；高二丈八尺，合八·九六公尺；廣一丈八尺，合五·七六公尺；女牆高六尺，合一·九二公尺。

　　春秋時蘇州城門陸門凡有八：西曰閶、曰胥，南曰盤、曰蛇，東曰婁、曰匠，北曰齊、曰平。今則有九：曰閶、曰金、曰胥、曰盤、曰葑、曰相、曰婁、曰齊、曰平。此九門中，金門、平門俱後先闢于民國十三年，而相門則係二十六年所新闢者也。近聞又將闢蛇門，行見交通益便利矣。至于各城門命名之意義則因俱有歷史性，故亦不妨略述，以為入境問俗之一助焉。

一、閶門：

　　伍子胥築闔閭城時所名，今仍其舊，蓋取象天門以通闔閭風之義。楚在西北，闔閭欲破之，故闢之以通天氣，又名破楚門。

二、金門：

　　閶門內舊有金閶亭，以位在西而與閶門近，故名。金門之義蓋取此。

三、胥門：

子胥居其旁，民因稱之，今胥門朱家園有伍子胥廟。又由此出城，闔閭可游姑胥之臺，故名。姑胥臺者，在今橫山西北之姑蘇山上，離城三十里，昔司馬遷曾登之以望五湖焉。

四、盤門：

舊作蟠，改為盤，所以云蟠者，蓋取龍蟠之意。按吳於分野在辰，辰位龍也，越則在巳，巳位蛇也，故嘗刻木作蟠龍之狀，鎮此厭越。至盤之云者，則取水陸相半沿洄屈曲之意。

五、葑門：

本作鱣門，史記伍子胥傳注。鱣門謂鱏門也，今作葑門。按越入吳，有鱏鱣隨濤而至，故以為名。續圖經謂當作封門，取封禺之山以為名。葑俗讀作富。

六、相門：

舊有相城在城東北五里，相傳子胥築城時，嘗於此相土嘗水，故今以此為名。

七、婁門：

吳地記云，松江東北入海為婁江。又圖經續記云，婁為縣名，蓋因其所道也，秦謂之疁，漢謂之婁。婁縣即今之崑山縣也。

八、齊門：

闔閭破齊，齊女為質于吳，吳為太子波聘之。齊女

少，日夜號泣成病，闔閭乃造北門曰望齊門，令女
往遊其上。見吳越春秋，今因簡稱之。

九、**平門**：

吳軍伐齊，從此門出城，因號平門。亦稱巫門，蓋
其東北三里，有殷賢臣申公巫咸之墓在焉。

十、**蛇門**：

闔閭欲制越，乃象地戶以立此門，越在巳位，屬
蛇，故刻木蛇北向首內，示越屬於吳。

十一、**匠門**：

闔閭使干將於此置冶鑄劍，亦稱干將門。今廢。

以上所述諸門，若閶、若胥、若盤、若葑、若婁、
若齊，皆舊城門，是即所謂「六門三關」之六門。

水門計有五，即六城門中惟胥門無之。其所以缺如
者，則因胥江水急，設閘水門，恐太湖汪洋三萬六千頃
水將流入城中，而蘇州頓成澤國耳。

第二章　游程提要

第二章　游程提要

蘇州園林名勝，欲一一遍探之，誠大難事，若鄧尉、穹窿、洞庭諸山，甚有遠至五、六十里之外者。且繞郭數十里，眾阜錯落若棋局，吳宮花草，半委榛莽間，游者恆茫然。茲為節省時間精力經濟計，因擇其著者分為若干組，以為好游者之助，再分組述其要。

一、附郭組：
　寒山寺、西園、留園、虎邱山。

二、城北組：
　獅子林、拙政園、北寺塔。

三、城中組：
　圓妙觀、怡園、郡城隍廟、遂園、汪園、安徽會館。

四、城南組：
　公園、可園、滄浪亭、孔廟、開元寺。

至若較遠諸山若天平、靈巖等，則或需舟往，或需汽車可達，當再分述之。

第三章　附郭之游

第三章　附郭之游

（一）寒山寺

寺在城外楓橋，離閶門八里，自閶門馬路乘馬車或人力車，半小時可達，車資馬車約一元，人力車約四角。楓橋有鐵鈴關，卽「三關」之一也。

寺以唐張繼詩得名。張楓橋夜泊詩云：

> 月落烏啼霜滿天，江楓漁火對愁眠；
> 姑蘇城外寒山寺，夜半鐘聲到客船。

寺建於梁天監間，名妙利普明塔院，宋太平興國初節度使孫承祐重建塔七級，嘉祐中賜名普明塔院。元末寺塔俱燬於火，明洪武中重建，永樂及正統間再修。嘉靖間本寂和尚募鑄巨鐘，建樓置之，萬曆四十年建藏經閣。清康熙五十年冬大殿又火，咸豐十年寺塔又燬。宣統三年蘇撫程德全集資重建而不復塔，以塔工甚鉅，絀於財力故也。落成之日，滬上各國領事咸臨觀禮，亦足以見此寺之動萬邦觀瞻矣。

寺稱寒山始於唐，而妙利普明塔院及普明塔院遂鮮有人稱之，今亦呼楓橋寺。

至寺，卽見山門上題有「妙利宗風」四字，出程德全氏手筆，蓋所以存梁代之舊門也。入門為御碑亭，鑴

清帝詩。寺之正殿祀釋迦佛像，後有碑，刻寒山拾得二
像。俗呼和合，是卽蘇人婚嫁時中堂高懸之二像也。寒
山拾得俱唐高僧，相傳二人乃七世怨家，經豐干點化，
遂和好如初。二像俱笑容可掬，和氣迎人，聞彼時有夫
婦新婚，當交拜之際，二神以慧眼洞矚新夫婦前生為祖
孫，今生適成夫婦，故不禁大笑云。二像有拓本可得，
寺中有明文徵明唐寅所書石碑，今俱漫漶。文所書者，
卽張繼楓橋夜泊詩。清陳夔龍撫吳時，曾倩俞樾補書
之，碑陰并附有俞氏考證，茲錄如左：

> 唐張繼楓橋夜泊詩膾炙人口，惟次句「江楓漁火」
> 四字頗有可疑，宋龔明之中吳紀聞作「江村漁火」。
> 宋人舊籍可寶也，此詩宋王珪公曾寫以刻石，今不
> 可見。明文待詔所書亦漫漶，「江」下一字不可辨，
> 筱石中丞屬余補書，姑從今本。然「江村」古本不
> 可沒也。因作一詩，附刻以告觀者：
>
> > 珪公舊墨久無存，待詔殘碑不可捫；
> > 幸有中吳紀聞在，千金一字是江「村」。
> >
> > 　　　　　　　　　　　（按江村乃橋名）

　　俞碑寺僧嘗拓之以售人，游者每并寒山拾得二像拓
本購歸之，以作是游之紀念焉。
　　此外石刻，則有寒山子詩三十六首與其和韋應物等

詩十數首，俱環列於寺殿之兩壁。

　寺有岳飛氏聯，筆畫蒼勁，相傳岳奉金牌召回之際，經京口（即鎮江）、蘭陵（即常州），詣臨安（即杭州），曾寓寒山寺中。爰書此聯留寺。聯云：

　　　三聲馬喋閼氏血，五代旗梟可汗頭。

　其餘楹聯亦俱出自名人手筆。茲錄如左：

遯跡笑豐干，從知舌粲蓮花，地近虎邱曾講法；
宗風傳刺史，幸得詩鈔板葉，刧餘龍壽共藏經。
　　　　　　　　　　　　　　——程德全

近郭古招提，毗連澕墅名區，漁火秋深涵月影；
傍山新結構，依舊楓江野渡，客船夜半聽鐘聲。
　　　　　　　　　　　　　　——陸潤庠

踏春西去，傍十里橫塘，水木湛清華，曾移茂苑扁舟，訪吳銅造像，梁塔殘甎，古跡重搜，余亦北平人，濡筆擬虞翁氏記；
生佛南來，振千年名刹，池臺新結構，補此天台眞相，與待詔遺碑，解元妙疏，墨花爭揭，客歸東海滋，行滕宛載米家船。
　　　　　　　　　　　　　　——陸鍾琦

　　殿後有芥舟、大覺樓與迴廊等，俱已失修。

　　按秋燈叢話云，王漁洋至楓橋，夜已昏黑，風雨雜
沓，攝衣著屐，引炬登岸，巡至寺門，題詩二絕，一時
以為狂云。亦足見寒山寺之足以動人思古之情矣。王詩
附後。

夜雨題寒山寺寄西樵禮吉二首　　王士禎

　　　　日暮東塘正落潮，孤篷泊處雨蕭蕭；
　　　　疏鐘夜火寒山寺，記過吳楓第幾橋；
　　　　楓葉蕭條水驛空，離居千里悵難同；
　　　　十年舊約江南夢，獨聽寒山半夜鐘。

（二）西園

　　西園在閶門外留園西端，所經皆馬路，車皆可達，
車費馬車約六角，人力車約三角。

　　園為戒幢律寺放生池，有是園而人之遊寺者，遂不
曰游戒幢律寺而曰遊西園矣。至園之所以稱「西」者，則
因明季尚有一東園（即留園）與是園俱屬徐氏，故分東
西以別之耳。按寺本明太僕徐冏卿故宅，崇禎八年捨為
寺。清咸豐間燬，光緒初廣慧和尚募建。羅漢堂中，羅漢
五百，木質金章，大逾恆人，豐瘦慈威，笑樂悲愁，屈膝
箕踞，托缽拈珠，體態各異，令人目不暇給焉。又有千手
觀音，高達四丈，妙相莊嚴，令人起敬，大雄寶殿係新建

於民國初，亦頗巍峨。尚有藏經樓、方丈室、齋堂、客堂等，皆極整潔。是寺莊嚴輝煌，為蘇州之最大叢林。與寒山寺較，一以幽寂勝，一以壯偉勝。

西園位於寺之西，今為放生池，門題曰「西園一角」。園以池為主，有九曲橋曲折通之，中有亭翼然，額曰「月照潭心」。池中蓄魚黿巨鼉，遊客常以餅餌投之，蹣跚爭食，昂首噓氣，頗堪發噱焉。池東有四面廳，池西有軒，俱寬敞可供憩息，此外園中佈置亦如他園同，有田圃壘石等。

園聯甚多，茲錄如左：

> 西已種竹栽花，培心培地；
> 園則放生育物，養性養天。
>
> ——園門聯

> 聖教名言，獨樂何如同樂；
> 佛家宗旨，殺生不若放生。
>
> ——亭聯

> 地拓三弓，喜几淨窗明，柳眼花鬚齊掩映；
> 塘開一鑑，看鳶飛魚躍，山光雲影共徘徊。
>
> ——寶鎮山（以下四面廳聯）

三吳選佛場，此處居然能結構；

百族消劫運，上天無處不慈悲。

——陸雲蓀

最難得過來人，相逢香火有緣，即色即空，正婆娑春夢一場，蘇臺歸鳥；

何處尋乾淨土，大好園林無恙，宜晴宜雨，卻彷彿西湖三月，花港觀魚。

——劉文玠

大江東去浪淘沙，試問江上青山，年年常住江頭，曾記否六朝時四百八十梵宇；

鉅苑西開金現粟，最喜苑中綠水，處處倒涵苑景，能救得一池間萬千億兆生靈。

——應時雨

（三）留園

留園在閶門外五福路，俗稱留園馬路，古稱花步里，距閶門四里，車皆可達，車資馬車約六角，人力車約三角，遊人須納資入園，園之西即西園戒幢寺在焉。

園為明徐冏卿故址，清嘉慶時劉蓉峯恕建築之，名曰寒碧山莊，亦稱劉園。光緒二年武進盛旭人方伯得之，復踵事增華，改名留園。民國十八年收為公產。言蘇州園林者必推留園，故留園可謂蘇州之唯一園林而遂不可

不游。

園中多奇石，其最著者有十二峯，卽「奎宿」、「玉女」、「箬帽」、「青芝」、「累黍」、「一雲」、「印月」、「獼猴」、「雞冠」、「拂袖」、「仙掌」、「干霄」是也，又有「濟顛石」危立池畔，望之若欹冕袒胸露肋，苔蘚護之，宛披破衲，狂態顛狀，確肖其形。

入園，曲折而至涵碧山房，署曰「胸次廣博天所開」，房殊寬敞，前臨荷池，池中蓄大金魚，優游自得，若不避人。其上駕九曲橋，有亭一，署曰「濠濮想」。池西疊石成山，植桂甚富，有室焉，因題曰「聞木樨香」。山上為「可亭」，後為「半野草堂」，東為桷木廳，蓋昔主人憩息之所，故署曰「藏修息遊」。庭中疊石，更雄偉可觀，廳旁有亭，顏曰「佳晴喜雨快雪」。有靈碧石桌一，擊之淵淵作金石聲。廳北有「花好月圓人壽室」，左有揖峯軒，題曰「石林小院」，而與之相對者，則為「洞天一碧室」。

東園由揖峯軒進，有十二太湖石峯，俱至高大，其最高者曰冠雲峯，左曰岫雲峯，右曰瑞雲峯，巍然兀立，相傳為宋朱勔花綱石故物。石下有池，名「冠雲沼」。南有四面廳，額曰「奇石壽太古」。張之萬敍云：「相傳前明東園久廢，惟湖石一峯，歷數百年巍然獨存，曩劉氏園中所未有也」。池右有冠雲臺，署曰「安知不知魚之樂」。左有冠雲亭，北有樓，顏曰「仙苑停雲」。壁嵌化石，兩旁懸雲石甚多，俱富畫意，可供摩

掔。復有仙鶴孔雀之屬，豢於樓旁，蓋以擬所謂「仙苑」焉。其東一屋，為園主人當日參禪處。南有屋，題曰「亦不二」。

自四面廳前廊西行至「又一村」，旁有屋，署曰「少風波處便為家」。逡西行曰「小蓬萊」，署云：「戊子秋余從東海觀政歸，適園西小築成山，層累而上，彷彿蓬萊煙景宛然在目，亦卽名之曰小蓬萊也可」。

過小蓬萊，卽為園之西部「別有天」。臨溪有閣，署曰「活潑潑地」。西部佳勝處，在有邱陵、有小溪，邱有樹、溪有荷，尤適於長夏。邱上有亭二，一曰「至樂」，一曰「月榭星臺」，邱前有草地曰「射圃」。留園之大概止於斯。

按留園為蘇州園圃之最，前東吳大學校長美人文乃史氏於其所著「蘇州花園城」一書中述及留園，有曰：「中國花園物質上與泰西花園大不相同者，卽此乃『園中屋』，而直解之，則為『屋中園』，有四壁圍之」。文氏又曰：「如留園卽其一例也」。蓋泰西園尚寬敞，而中國花園則重結構，故文氏如是云云耳。

園聯摘錄數聯如左：

涵碧山房

卅年前曾記來遊，登樓看雨，倚檻臨風，俛仰已成今昔感；

三徑外重增結構，引水通舟，因峯築榭，吟歌長集

友朋歡。

——張之萬

涵碧山房

迤邐出金閶，看青蘿織屋，喬木干霄，好樓臺舊址重新，
儘堪邀子敬重游，元之醉飲；
經營參畫稿，鄰郭外楓江，城中花塢，倚琴樽古懷高寄，
猶想見寒山詩客，吳會才人。

——薛時雨

聞木犀香軒

奇石畫含千古秀，
桂花香動萬山秋。

——鄧文源

半野草堂

園林甲天下，看吳下遊人，載酒攜琴，日涉總成彭澤趣；
瀟灑滿江南，自濟南到此，疏泉疊石，風光合讀涪翁詩。

——鄭文源

奇石壽太古廳

此峯疑天外飛來，歷劫飽風霜，夐絕塵寰誰伯仲；
斯地為吳中最勝，後堂繞絲竹，婆娑歲月若神仙。

——朱霆清

仙苑停雲東屋

何處白雲歸，有鄉里古招提，步西郊不半日而至；
前生明月在，是佛門新公案，言東坡於五戒後身。

（四）虎邱山

　　山距閶門約七里，舟車可達，馬車來回約一元五角，人力車約五角，如買小舟而往，以日計，約三元，饍食不在內。

　　蘇州山明水秀，甲於東南，以是每當春秋佳日，士女恆聯翩來遊。而遊蘇者必遊虎邱山，則以此山多古蹟，足供人流連憑弔耳。按虎邱山高一百三十尺，周二百十丈，相傳吳王闔閭葬其下，三日後有白虎踞墓上，故名。唐避太祖諱，改名武邱。是山初名海湧峯，今亦有稱虎阜者。是山本晉王珣、王珉兄弟別墅，後捨為寺。今俗傳虎邱有十八景，惟半皆詭奇不經，然神話何國無之，則亦不妨姑妄言之焉。

一、鴛鴦壙：

　　在頭山門甬道之旁，壙中葬明倪士義及其妻楊氏。相傳倪死，楊為築是墳葬之，後鄰人有勸之改適者，楊曰，鴛鴦塚在，無污我耳，遂自到死。鄉士大夫乃為醵錢合葬之，此崇禎十四年事也。今墓前有碑刻「古鴛鴦壙」字，清吳蔭培復建亭以護之。

二、斷樑殿：

　　二山門正樑中斷，故名。門題「路接天閶」四字。

三、憨憨泉：

為梁憨憨尊者遺跡，在不波艇子下，俗傳泉可治目疾，有亭護之。

四、眞孃墓：

眞孃為吳中名妓，本姓胡，幼失怙恃，墮落靑樓，善歌能詩，守身如玉。有王蔭祥者見而悅之，欲留宿，鴇已允，眞孃知不敵，遂自經。王大感之，為之經紀喪葬，并終身不娶焉。唐進士譚銖嘗題一絕云：

虎邱山下冢纍纍，松柏蕭條盡可悲；
何事人生惟重色，眞孃墓上獨題詩。

譚詩出之以諷，而後人遂不復題詠矣。今墓上有亭覆之，四周樹木濃翳，若護此幽靈焉。

五、枕石：

石在憨憨泉旁，晉高僧生公在石上閱經，倦則枕之而眠，故名。是石俗名「蜒蚰石」，則以其形似故。甚有謂此石有黏質，投以磚石，能黏結不落云，此則不經之談也。

六、試劍石：

在眞孃墓左，中分如截，故名。吳郡志謂係秦始皇

試劍之所，一說吳王闔閭命干將鑄劍，劍成，王試石上，石分為二。此其遺跡云。

七、千人石：

大石廣平，可容千人，昔生公講經時，下有千人列聽，故名。一說吳王闔閭築墓工竣，恐墓工泄墓中祕密，因盡殺之於是石上，而死者有千人，故云「千人石」。

八、生公講臺：

在千人石上，有唐李陽冰篆刻「生公講臺」四字，半將剝落。

九、白蓮池：

在生公講臺前，生公講經時，池中曾茁生千葉蓮花。池中多芙蓉，相傳吳王與妃嘗採蓮於此。池一名「養鶴澗」，昔清遠道士曾於此養鶴，故名。

十、點頭石：

白蓮池中有石一，上鐫「點頭」二字。相傳生公講經，人皆不之信，生公因聚石為徒，廣宣至理，而頑石為之點頭，見十道四蕃志。所謂「生公說法，頑石點頭」，卽此石也。

十一、石觀音殿：

清錢大昕觀音殿題名謂，宋慶歷間吳興臧達夢見觀音真身，醒以語其弟甯，甯乃斲石為此象，曰「應募觀音」。三面環以石壁，壁間刻宋曾公亮等九十一人所書大乘妙法蓮華經及觀世音菩薩經，人各一行，現僅膡四十餘行。

十二、鐵華巖第三泉：

在石觀音殿後，俗名「觀音泉」，又名「陸羽石井」，則因昔陸羽嘗評為「天下第三泉」故也。井口方丈餘，四面石壁，下連石底，昔水甚甘冽。石壁名「鐵花巖」，蓋取東坡「鐵花秀巖壁」詩意云爾。

十三、劍池：

在白蓮池左，其景為虎邱之最，崖石危峻，中裂分劈，屹立百尺，中涵石泉，深不可測，昔李秀卿嘗品為「天下第五泉」云。越絕書謂，吳王闔閭冢名曰「虎丘」。下池廣六十步，水深一丈五尺，桐棺三重，澒池六尺，玉鳧之流，專諸之劍魚腸三千在焉，故曰「劍池」。池外石扉上鐫「虎丘劍池」四大字，云係唐顏真卿書，惟「虎丘」二字早毀，今所存者，乃後人所摹加。故蘇人有「真劍池，假虎邱」之語也。

十四、二仙亭：

亭在劍池旁，內列二碑，刻陳摶呂巖（卽呂純陽）二仙象，相傳二仙曾對弈於此云。

十五、雙弔桶：

劍池兩崖之頂，有石橋橫跨之，橋上有井口二，俯窺之，下卽劍池，深不可測。昔宋陳敷文避暑寺中，時寺中有數百人居焉，俱飲劍池之水，而汲水往返必經「五十三參」，憊甚，陳憫之，因捐錢二十萬，於此築樓，并鑿二井口以便架轆轤汲水。樓早圮而二井口獨存，故名「雙弔桶」云，至石橋則係僧淲公所建。

十六、五十三參：

是為入山寺之大道，計石級五十有三，所以云「五十三參」者，蓋取佛經「五十三參，參參見佛」之意也。

十七、仙人洞：

洞在五十三參之東，今已閉塞，不復可入，相傳昔有賣橘老翁偶入此洞，見有二仙對弈，旁觀片刻，迨出洞，則越世已數十年矣，故以為名。

十八、虎邱塔：

塔在殿西，隋仁壽九年建，計七級，占山之最高

處，其地本王珣琴臺故址，塔建時掘地得古磚函，內藏銀盒，獲舍利一，因鎮塔中。清咸豐間塔經兵燹，飛檐欄楯俱燬，遂益覺古氣盎然，惟已不可復登，塔微側，因是西人多稱之曰「斜塔」。

所謂「虎邱十八景」，大致已如上所述，茲再述山寺與莊閣如次。

虎邱寺：

寺本晉王珣及其弟珉別業故址，咸和二年捨為寺，數經重修。清乾隆間高宗南巡，改名雲巖禪寺，當時樓軒亭閣固極富麗，會經兵燹，遂無復昔日之觀矣。殿後有御碑亭，內立清聖祖御碑。

擁翠山莊：

莊在冷香閣前，門前粉牆嵌石刻「龍虎豹熊」四草字，甚雄偉蒼勁，其內佳構，有抱甕軒、問泉亭、不波小艇、石駕軒、靈瀾精舍等處，而以靈瀾精舍為最，遊客可於此品茗。

冷香閣：

閣為新建，在擁翠山莊後，高樓五間，四周植寒梅數百株。春冬之際，暗香四溢，於此啜茗，沁人心脾。至遠眺則風帆上下，山阜環列。若在几席間，尤足以極遊目騁懷之樂。有獅子山若蹲而回首眺望，是即所謂

「獅子回頭望虎邱」也。

致爽閣：

閣亦係新建，占山後高處，遊客亦可於此小憩啜茗。

以上為虎邱山大概，遊客如欲果腹，山下有酒肆飯館，取值亦不巨。

茲將各處楹聯酌錄如左：

鴛鴦壙

> 身膏白刃風猶烈，
>
> 骨葬青山土亦香。
>
> ——吳蔭培

眞孃墓

> 半邱殘日孤雲，寒食相思麥上路；
>
> 西山橫黛瞰碧，青門頻返月中魂。
>
> ——李祖年集吳夢窗詞

二仙亭

> 夢中說夢原非夢，
>
> 元裏求元便是元。
>
> ——舊聯

擁翠山莊

> 香草美人鄰，百代豔名齊小小；
>
> 茅亭花影宿，一泓清味問憨憨。
>
> ——田國俊

靈瀾精舍

問獅峯底事回頭，想頑石能靈，不獨甘泉通法力；

為虎邱別開生面，看遠山如畫，翻憑劫火洗塵囂。

——洪文鈞

并敍云：「曩時虎邱磴道旁，列肆連廛，喧闐囂雜，庚申之亂，一炬蕩然，而清曠之境出矣。甲申夏同人既濬憨憨泉，登高攬遠，咸快瞻矚，爰臨泉構屋，以識勝概。獅子回頭望虎邱，蓋吳語也」。

冷香閣

笑口若為開，淡妝素服眞成夢；

會心不在遠，石竹山花卻自芳。

——尤先甲并題額「巡簷索笑」四字。

冷香閣

榛莽一丸泥，賴名士題碑，英雄葬劍；

梅花三百樹，有遠山環抱，高閣馮陵。

——陸恢

虎邱山前臨運河，中間以堤，為唐白居易所築，故稱白公堤，今稱山塘街，有「五人之墓」在焉。五人者，義士顏佩韋、楊念如、馬杰、沈揚、周文元也。明萬曆間，閹宦魏忠賢逞奸弄權，中外側目，吳人周順

昌每與人言，義形於色，魏嫉而遣緹騎逮之，衆激於義憤，遂共起擊殺緹騎，并逐蘇撫毛一鷺，蓋毛亦閹黨也。事聞於朝，命逮捕首事者，而五人慷慨就義，駢戮市中。迨忠賢敗，因就其生祠改為五義士墓，張溥為作碑記，記附後。

五人墓碑記　張溥

五人者，蓋當蓼洲周公之被逮，激於義而死焉者也。至於今，郡之賢士大夫請於當道，卽除魏閹廢祠之址以葬之，且立石於其墓之門，以旌其所為。嗚呼。亦盛矣哉。夫五人之死，去今之墓而葬焉，其為時止十有一月耳。夫十有一月之中，凡富貴之子，慷慨得志之徒，其疾病而死，死而湮沒不足道者，亦已衆矣，況草野之無聞者歟。獨五人之皦皦，何也。予猶記周公之被逮，在丁卯三月之望，吾社之行為士先者，為之聲義，斂貲財以送其行，哭聲震動天地。緹騎按劍而前，問誰為哀者，衆不能堪，抶而仆之。是時以大中丞撫吳者，為魏之私人，周公之逮，所由使也。吳之民方痛心焉，於是乘其厲聲以呵，則譟而相逐，中丞匿於溷藩以免。旣而以吳民之亂請於朝，按誅五人，曰顏佩韋、楊念如、馬杰、沈揚、周文元，卽今之儽然在墓者也。然五人之當刑也，意氣揚揚，呼中丞之名而詈之，談笑以死，斷頭置城上，顏色不少變。有賢士大夫發五十金，

買五人之脰而函之，卒與屍合，故今之墓中，全乎為五人也。嗟夫。大閹之亂，縉紳而能不易其志者，四海之大，有幾人歟。而五人生於編伍之間，素不聞詩書之訓，激昂大義，蹈死不顧，亦曷故哉。且矯詔紛出，鉤黨之捕偏於天下，卒以吾郡之發憤一擊，不敢復有株治，大閹亦逡巡畏義，非常之謀難於猝發，待聖人之出而投繯道路，不可謂非五人之力也。由是觀之，則今之高爵顯位，一旦抵罪，或脫身以逃，不能容於遠近，而又有翦髮杜門，佯狂不知所之者，其辱身賤行，視五人之死，輕重固何如哉。是以蓼洲周公忠義暴於朝廷，贈諡美顯，榮於身後，而五人亦得以加其土封，列其姓名於大堤之上。凡四方之士，無有不過而拜且泣者，斯固百世之遇也。不然，令五人者保其首領，以老於戶牖之下，則盡其天年，人皆得以隸使之，安能屈豪傑之流。扼腕墓道，發其志士之悲哉。故予與同社諸君子，哀斯墓之徒有其石也，而為之記，亦以明死生之大，匹夫之有重於社稷也。賢士大夫者，冏卿因之吳公、太史文起文公、孟長姚公也。

山塘長七里，居民都蒔花為業，花棚苗圃，鱗次櫛比，蒔花者取黛黛花、玫瑰花曝而乾之，以供遊人購取，可以養香茗。婦女則多作麥柴手工若扇等，向遊客兜售。人樂購之。

　　按虎邱山塘在未經洪楊兵燹之先，舟車喧闐，士女雜沓，夙稱繁盛。茲摘錄清秦雲同治五年遊虎邱詩追述當時盛況之一節，以見一斑。

　　　　虎邱山好憶當年，金碧樓臺兩岸連；
　　　　山塘日夜笙歌沸，畫槳吳孃六柱船；
　　　　綺羅照水人歸晚，拋盡黃金樂非淺；
　　　　花市香風處處聞，酒樓珠箔家家捲；
　　　　年年競渡值端陽，爭看龍舟興欲狂；
　　　　雕輪繡轂街衢塞，扇影衣香士女忙；
　　　　春日踏青秋賞桂，白公堤畔蘭橈繫；
　　　　金鞭蕩子玉驄驕，鈿篷佳人雲鬢麗；
　　　　名勝吾吳海內知，山川明媚四時宜；
　　　　籃輿箈屜如雲盛，雅集名流競賦詩。

第四章　城北之游

第四章　城北之游

（一）北寺塔

北寺塔在平門內北街，人力車去約值三角，登塔酌納香資。

塔在報恩寺，正對護龍街，因報恩寺俗稱北寺，故亦從而名之曰北寺塔云。

報恩寺古稱通玄寺，吳赤烏中孫權母吳夫人捨宅建，一云孫權乳母陳氏捨宅為寺，唐改稱開元寺。周顯德中錢鏐移支硎山報恩寺區額於此重建，遂又改稱報恩寺，今仍之。塔為梁僧正慧所建，計十有一層，凡再建再燬。宋元豐間重修時，蘇軾嘗以銅龜捨僧藏舍利，并為文以紀之，今錄于後。

捨銅龜子文　蘇軾

蘇州報恩寺重造古塔，諸公皆捨所藏舍利，予無所利可捨，敬為四恩三有捨之，故人王頤為武功宰長安，有修古塔者，發舊葬得之，以遺余。余以藏私印，成壞者有形之所不免，而以藏舍利則可以久存，藏私印或以速壞，貴舍利而賤私印，樂久存而悲速壞，物豈有是哉。余其并是捨之。

無何，塔又燬，紹興間經僧大圓重建，改為九層，

至明隆慶時又不戒於火，僧如金再重建之。自明迄今，
迭閱興廢，近年為住持昭三募資修復，遂煥然一新，推
為蘇州諸塔之冠。登塔之最上層，高瞻遠矚，近眺俯
視，西南諸山若接鬢眉間，而全城街衢則若蛛網密布，
人渺於豆，馬小若寸，誠大觀也。塔後門額題曰「三吳
首剎」，可云名副其實。

報恩寺大殿亦昭三募資新建，殿之左為觀音殿，
右聖母殿，後庭兩旁曰五觀堂、曰迎賓堂，中曰古銅佛
殿，有古銅佛二，配以檀香木佛一，再後曰梵音堂，額
曰「發海潮音」，中懸清光緒間住持昭三聯，聯云：

梵宇舊高寒，當年二像著靈，塵世別開清淨境；
浮生都夢影，我願一堂說法，香花共悟上乘禪。

聯并有識，記「二像著靈」事云：「府志晉建興
二年，滬瀆浮來二石佛，迎置北寺，回憶曩事，茲擬
撰句」。

（二）拙政園

拙政園在婁門大街，自閶門人力車去約值四角，
昔可納資入園，今省政府在焉。園在元代為大宏寺，明
嘉靖中御史王獻臣就其廢址，營為別墅，以自託於潘
岳「拙者之為政」，故名拙政園，文徵明為圖記。後獻
臣子以樗蒱負，失之，遂歸徐氏。清初海甯陳之遴相國

得之，嗣陳以罪遠謫塞外，園遂入官產，後又屬吳三桂
壻王永甯。咸豐間始為太平天國忠王府，繼為江蘇巡撫
署。同治八年，改為八旗奉直會館。迭相遞傳，故今之
園基，已非復當日全部矣。

　　入門有朱藤一架，夭矯若龍蟠，花時纓絡四垂，落
英繽紛，頗可觀。是藤傳為文徵明手植，故旁立一石，
曰「文衡山手植藤」。

　　當門疊石成山，山後有水一曲，通以小橋，橋後有
堂，曰遠香堂，殊爽塏。堂後有荷池，夏日花開，香沁
心脾，蘇人士常於清晨至此品茗賞荷焉。堂西曰南軒，
俞曲園樾署曰聽香深處。隔水而西，有屋如舟，曰香
洲，為文徵明所題。清嘉慶間王庚跋云：

　　　文待詔舊書「香洲」二字，因以為額，昔唐徐元固
　　　詩云「香飄杜若洲」，蓋「香洲」所以況君子也，
　　　乃為之銘。擷彼芳草，生洲之汀，采而為佩，爰入
　　　騷經，偕芝與蘭，移植中庭，取以為室，惟德之馨。

　　香洲中懸有吳梅村山茶歌，詠古連理寶珠山茶花，
詩云：

詠拙政園連理山茶　吳偉業
　　　　拙政園內山茶花，一株兩株株交加；
　　　　豔如天孫織雲錦，頳若姹女燒丹砂。

吐如珊瑚綴火樹，映如蝀蜽凌朝霞；
百年前是空王宅，寶珠色相生光華。
長養端資鬼神力，優曇涌現西流沙；
歌臺舞榭從何起，當日豪家擅閭里。
苦奪精藍為玩花，旋拋先業隨流水；
兒郎縱博賭名園，一擲留傳猶在耳。
後人修築改池臺，石梁路轉蒼苔履；
曲檻奇花拂畫樓，樓上朱顏嬌莫比。
千條絳燭照鉛華，十丈紅牆飾羅綺；
闕盡風流富管絃，更誰瞥眼看桃李。
齊女門邊戰鼓聲，入門更作將軍壘；
荊榛從填馬矢高，斧斤勿翦黃鶯喜。
近年此地歸相公，相公勞苦承明宮；
真宰陽和暗回斡，長安日日披薰風。
花留金谷遲難落，花到朱門分外紅；
獨有君恩歸未得，百花深鎖月明中。
灌花老人向前說，園中昨夜零霜雪；
黃花淅淅動人愁，碧樹垂垂為誰發。
可憐塞上燕支山，染花不就花枝毀；
江城作花顏色好，杜鵑啼血何斑斑。
花開連理古來少，並蒂同心不相保；
名花珍異惜如珠，滿地飄殘胡不掃。
楊柳絲絲二月天，玉門關外無芳草；
縱費東君著意吹，忍經摧折春光老。

看花不語淚沾衣，惆悵花間燕子飛；

折取一枝還供佛，征人消息幾時歸。

吳詩因花寄慨，一唱三歎，而園之迭經興廢，亦可於是詩中得其大概，因錄之。遠香堂北有地一區，池水圍之，儼如小島，跨以曲橋，築屋其上，署曰「雪香雲蔚」。左有亭曰「勸耕」，右曰「荷風四面」。

園之西北俱係曲廊，循廊而東，有擁翠亭、藕香榭、瀟湘一角等處，其後臨水多竹，有梧竹幽居、半窗梅影、繡綺亭等處。

園之東南隅，曰枇杷園，有湖石甚玲瓏有致，故署其屋曰玲瓏館。由此而西，即為面山背水之遠香堂。

園聯摘錄如左：

園門

拙補以勤，問當年學士聯吟，月下風前，留得幾人詩酒；

政餘自暇，看此日名公雅集，遼東冀北，蔚成一代文章。

——王藻林

遠香堂

曲水崇山，雅集逾獅林虎阜；

蒔花種竹，風流繼文畫吳詩。

——張之萬

荷風四面亭

四壁荷花三面柳，半潭秋水一房山。

（三）獅子林

獅子林在臨頓路北端神道街，其後門在潘儒巷，距拙政園甚近。自閶門往，人力車資約四角，園資不收。惟此為貝氏私產，故如欲參觀，必經園主人許可，始可入內。

獅子林在元至正間為天如禪師倡道之地，曰菩提正宗寺。明萬曆二十年重建，清聖祖——康熙——南巡，嘗屢臨幸，乾隆時黃氏購之為涉園。有古松五株，俗又名五松園，今歸貝氏。

獅子林之所以名聞遐邇者，以中多奇石故，石狀若狻猊，巖洞螺旋，人遊其中，迷於往復。其上翹林秀木，若不階尺土，離立巖際，相傳此係天如禪師延朱德潤、趙善良、倪元鎮、徐幼文共商疊成，而元鎮為之圖，取佛書「獅子座」而名之。自歸貝氏增修後，遂益煥然。

園中疊石，大概分為東西二部，各成一大環形。假山之西有大荷池，池北有真趣亭。相傳清乾隆二十七年高宗南巡時，曾於此亭欣賞全園風景，錫以此名。又有獅子峯、含暉峯、吐月堂、立雪峯、臥雲室、問梅閣、指柏軒、玉鑑池、冰壺井、修竹谷、小飛虹、大石屋等勝處。

按獅林、虎邱並稱為蘇州名勝，則以獅子林中假山為蘇州之冠故。園初本在畫禪寺中，畫禪寺俗稱「獅林寺」，亦為蘇州大禪寺之一，在獅林寺巷，與潘儒巷僅一巷之隔也。

第五章　城中之游

第五章　城中之游

（一）圓妙觀（觀前大街及北局附）

圓妙觀處城之中心，其南為觀前大街，正對正山門者為宮巷，自閶門去，人力車資約二角，馬車約八角，今則有公共汽車可直達。

圓妙觀相傳為闔閭故宮，觀創於晉咸甯時，本名眞慶道院。唐開元時曰開元宮，宋祥符中更名天慶觀，至元元年始改今名。

正山門建於宋皇祐時，清乾隆三十八年不戒於火，門燬，越二年乃重修。入門，兩旁有二巨塑像，猙獰可畏，是乃道教中之辟非、禁壇二將軍。稍進，又有塑像四，是乃温、馬、趙、王，四天君。出山門為甬道，前有巨屋，卽三清殿是。正山門東西各闢偏門一，其東者曰吉祥門，俗稱「東脚門」；其西者曰如意門。俗稱「西脚門」。入觀亦皆有甬道，殊寬廣。

三清殿初建於宋淳熙三年，越三年燬于火，趙伯驌重建之。於時觀中桃花甚盛，據潘西圃雲煙過眼錄云，趙所繪桃源圖，卽玄妙觀也，以是觀前古亦稱「碎錦街」云。淳熙八年御書「金闕寥陽寶殿」賜為殿額，自是代加修理。清嘉慶時又加重重不可舉，竊意以為網得大魚，糾集多人拽入福山口，潮退，視之，非魚也，大木偉然偃臥，其直中繩，其圓中規，適副所用云。

　　殿廣九間，深六間，石柱滿刻天尊聖號，中供金塑三清像三，高約五丈。殿之陰供九霄天尊，兩旁神像羅列，六十花甲星宿在焉，每逢古歷正月初九日香火甚盛，蘇人謂之「燒天香」。

　　殿外四週通以走廊，圍以石欄，欄上俱有刻畫，甚精。殿前有露臺，廣五間，三面圍以石欄，通以石級，皆以生鐵鎔絞，如敲釘於木上者然，所謂「釘釘石欄干」者即此。簷下有「妙一統元」匾額，相傳係金兀朮手筆。今殿中設有書畫肆，又有洪鈞老祖碑，刻甚工細，可以摹搨。

　　殿後巨屋今為中山堂，建於民國二十年，省立圖書館設於此，初為彌羅寶閣，高三層，民國元年八月燬於火。

　　圓妙觀中殿宇約有二十餘所，不勝述，住持居於元都仙館，俗稱「方丈」。觀之東側，祖師殿中有銅鼎一，形長方，式若殿宇，色黝黑，不鐫年代，考古家謂係宋物。元都仙館之左，有蓑衣眞人殿，祀宋何立，何官押衙，秦檜差往東南第一峯，恍惚引至陰司，見檜對岳飛事，令歸告夫人，東窗事犯矣，復命後，卽棄官學道蛻骨，今在蘇州元妙觀為蓑衣仙。見元張昱盧陵集詠何立事詩注。殿庭有運木古井，相傳建彌羅寶閣時，木材俱取於此，此與杭州淨慈寺運木古井同為神話。姑妄言之，姑妄聽之而已。

　　觀前觀後及甬道兩旁，卜者、相者、唱曲者、耍技者、三教九流、南北江湖，熙攘喧擾，紛紜雜沓，大者

設肆，小者設攤，食用各物，紛然雜陳，令人目不暇給，入觀者恆覺塵囂，其景象與上海之城隍廟、南京之夫子廟略同。

觀前大街為全城最繁華處，車馬轂擊，人踵相接，商肆駢列，爭異鬬妍，市招臨風招颭，可拂人額。入夜電炬照耀，恍如白晝，遠望則如繁星點點，閃鑠隱現。人比之上海霞飛路，謂頗有異國情調焉。

自觀前街市場不敷分配後，遂由太監衖擴至街南之北局，北局昔為荒土，今則中有小公園，四周皆巨屋毗連，若國貨商場公司、茶肆、酒家、戲院、影戲院、大旅館等無不具，遂成為蘇人之「娛樂區」。

（二）怡園

怡園正門在護龍街中彈子巷口，距觀前大街不甚遠，前門常局，自尚書里後門入。往游者須得園主許可，園資不納，茶資酌給。

園為顧子山文彬別墅，結構頗具邱壑，名遂以著。以言其勝，則盡詳於俞曲園所撰一記中，茲錄如後，以見梗概。

怡園記　俞樾

顧子山方伯既建春蔭義莊，闢其東為園，以頤性養壽，是曰怡園。入園，有一軒，庭植牡丹，署曰「看到子孫」。軒之東有屋如舟，署曰「舫齋賴有

小溪山」，涪翁句也。其前三面環水，左則蒼松數十株。余摘司空表聖句，顏之曰「碧澗之曲，古松之陰」。其上有閣曰松籟，憑檻而望，郭外西山隱隱見眉嫵矣。繞廊東南行，有石壁數仞，築亭面之，名曰面壁。又南行，則桐蔭翳然，中藏精舍，是曰「碧梧棲鳳」。又東行，得屋三楹，前則石欄環繞，梅樹數百，素豔成林；後臨荷花池，石橋三曲，紅欄與翠蓋相映。俗呼其前曰「梅花廳事」，後曰「藕香榭」云。梅花廳事之西，鑿坯於垣曰邂窟，窟中一室曰「舊時月色」，亦余所署也。循廊東行為南雪亭，又東為歲寒草廬，有石筍數十枝，蒼實可愛。其北為拜石軒，庭有奇石，佐以古松。又北為坡琴仙館，以藏東坡琴也。館之右有石似老人，傴僂而聽琴，築室其旁，曰石聽琴室。又西北行，翼然一亭，顏以坡詞，曰「繞遍迴廊還獨坐」。廊盡此矣。庭中有芍藥臺，牆外有竹徑，遵徑而南，脩竹盡而叢桂見。用稼軒詞意，築一亭曰「雲外築婆娑」，亭之前卽荷池也。循池而西，至於山麓，由山洞數折而上，度石梁，登其巔，則螺髻亭也。自其左履石梁而下，得一洞，有石天然，為大士像，是曰慈雲洞。洞之中石桌石凳咸具，石乳下注磊磊然，洞外有桃花，是曰絳霞洞。洞之北卽余所謂「古松之陰」也。出松林再登山，有亭曰小滄浪，亭後疊石為屏，其前俯視，又卽荷池矣。

茲園東南多水，西北多山，為池有四，皆曲折可通，山多奇峯，極湖山之勝。方伯手治此園，園成遂甲吳下，精思偉略，即此徵之。攀玩終日，粗述大概，探幽搜峭，是在游者。

園聯胥集宋詞，天衣無縫，出主人手筆，裁紅翦碧，膾炙萬口，曾有刊本，今錄於後。

梅花廳事

古今興廢幾池臺，往日繁華，雲煙忽過，這般庭院，風月新收，人事底虧全，美景良辰，且安排翦竹尋泉，看花索句；
重來天地一稊米，漁樵故里，白髮歸耕，湖海平生，蒼顏照影，我志在寥闊，朝吟暮醉，又何如冰蠶語熱，火鼠論寒。

——集辛幼安詞

藕香榭

流水洗花顏，擁蓮媛三千，誰道采菱波狹；
紫霄承露掌，倚瑤臺十二，猶聞凭袖香留。

——集吳夢窗詞

藕香榭

竹杖敲苔，倚窗小梅索句；
簾波浸筍，閉門明月關心。

——集史梅溪詞

又

曲檻俯清流，暝煙兩岸，斜日半山，橫枕鼇峯，水
面倒銜蒼石；
晴空搖翠浪，花露侵詩，槐薰入扇，涼生蟬翅，柳
陰深鎖金鋪。

——集秦少游周草窗詞

又

水雲鄉，松菊徑，鷗鳥伴，鳳凰巢，醉帽吟鞭，煙
雨偏宜晴亦好；
盤谷序，輞川圖，謫仙詩，居士譜，酒羣花隊，主
人起舞客高歌。

——集宋人詞

又

蓮葉共分題，貯月杯寬，笑拍欄干呼范蠡；
篔屏掩雙扉，避風臺淺，旋移芳檻引流鶯。

——集周草窗詞

面壁亭

雲洞插天開，欲往何從，一百八盤狹路；
湘屏展翠疊，臨流更好，幾千萬縷垂楊。

——集辛幼安周草窗詞

古松之陰

還我漁蓑，依然畫舫清溪笛；
急呼斗酒，撐得東家種樹書。

——集辛幼安詞

雲外築婆娑

芳桂散餘香，亭上笙歌，記相逢金粟如來，蕊宮仙子；

天峯飛墮地，眼前突兀，最好是蜂房萬點，石髓千尋。

——集辛幼安詞

南雲亭

高會惜分陰，為我弄梅，細寫茶經賣香雪；

長歌自深酌，請君置酒，醉扶怪石看飛泉。

——集辛幼安詞

歲寒草廬

竹邊松底，只贈梅華，共結歲寒三益；

蘚老苔荒，摩挲峭石，恍然月白千峯。

——集張玉田詞

又

衝寒茸帽，拂雪金鞭，漸為尋花來去；

款語梅邊，讀書松外，幾番問竹平安。

——集姜白石張玉田詞

四時瀟灑

石磴掃松陰，幾曲欄干，古木迷鴉峯六六；

煙光搖縹瓦，一屏新繡，芙蓉孔雀夜溫溫。

——集張玉田史梅溪詞

繞遍迴廊還獨坐

紫苔蒼壁，曲徑疏籬，玉斧削方壺，政爾橫看成嶺；

酒令詩籌，芒鞋竹杖，歸路踏明月，等閒行盡長廊。

——集辛幼安詞

又

　　幽懷倚石，蕭疏竹影庭深，且拂簟清眠，引筇閒步；

　　翠幙成波，晻藹苔香簾靜，每逢花駐樂，持酒聽歌。

——集張子野詞

閒鎖一壺幽綠

　　移花檻小，密葉齋幽，伴壓架荼蘼，依約誰教鸚鵡；

　　款竹門深，采芝人到，任滿身風露，姓名題上芭蕉。

——集張玉田詞

（三）郡城隍廟

　　郡城隍廟在郡廟街，街已闢寬，今稱景德路，其西通金門，其東即為護龍街，與觀前大街甚近。

　　郡城隍廟實無可遊覽，不過是廟相傳為周瑜宅址，漢建安三年孫權為周瑜治第於吳，即此。今故井猶存，題曰「寒泉」。又方丈前有古柏，高約數丈，云係周瑜手植，游人過此，亦不妨一入觀之。至廟則始建於明洪武年。

（四）遂園

　　遂園前門在慕家花園，後門在景德路中，與汪園相斜對，其右即園東飯店，今已閉歇。自金門進，車可直達，人力車資約一角，如自閶門去，車資約倍之。

　　園為清康熙間巡撫慕天顏所築，故俗稱「慕家花園」，旋歸河南席氏。繼而尚書畢沅分其半，餘歸滇南劉氏，即今之遂園。花木繁茂，池沼清廣，小橋曲折，

奇石竦立，俱匠心獨出，別有邱壑。有容閑堂、綠天深處、映紅軒、琴舫、逍遙容與層層樓等，皆臨池。夏日荷花極盛，有貴種名「層層樓」。曩昔游人可入，最近園已售於滬商紙廠主人，暫不開放。

（五）汪園

汪園卽汪氏耕蔭義莊，在景德路中，與遂園相斜對。須有人介紹，方可入內。自閶門去，人力車資約二角；自金門去，車資約減半。

汪園為明申文定公時行故宅，故至今猶稱其地曰申衙前。清乾隆間初歸蔣氏，後歸畢氏，後又歸孫氏，至道光末歸汪氏。自汪氏修葺後，署其堂曰環秀山莊。園占地不廣，而疊石堆累，縈旋曲折，升降左右，迷離恛恍，儼如置身千巖萬壑中，是能以少許勝人多許，與獅子林假山異曲同工焉。其東偏之亭，署曰「半灣秋水一房山」，西偏之亭曰問泉，北曰補秋舫。庭前植㯆尾一本，春來發花甚盛。舊有飛雪泉，今已淤塞，現已通以鉛管，若逢大雨，仍有澎湃激盪之觀。

園聯摘錄如左：

環秀山莊

邱壑在胸中，看疊石疏泉，有天然畫本；
園林甲吳下，願攜琴載酒，作人外清游。

——俞樾

又

> 幽栖此日重逢，看峭壁垂雲，閒扶短策，明波洗月，
> 淨濯長纓，水邊樓觀先登，更將秋共遠；
> 俯仰十年前事，乍掃苔尋徑，傴僂穿巖，撥葉通池，
> 虛空倒影，眼底煙霞無數，都自昔曾游。
>
> ——顧文彬集張玉田詞

并識云：「環秀山莊為孫補山相國故居，余昔年曾賃廡於此，後歸平陽祠宇。庚申之變，頗有毀傷。秉齋廉訪同年重加修葺，落成於戊戌之秋，屬題楹帖，為集張玉田詞句應之」。

又

> 風景自清嘉，有畫舫補秋，奇峯環秀；
> 園林占幽勝，看寒泉飛雪，高閣涵雲。
>
> ——汪開祉

補秋舫

> 雲樹遠涵青，偏教十二闌憑，波平如鏡；
> 山窗濃疊翠，恰受兩三人坐，屋小於舟。
>
> ——汪開祉

又

> 隔院聽黃鸝，最宜蕘尾花開，四壁凝香簾半捲；
> 新醅浮綠蟻，恰好醒心泉澈，一鑪飛雪酒初溫。
>
> ——汪惟韶

　　并識云：「是園舊為有清孫補山相國舊宅，自後迭
更其主，道光年間始歸吾莊。園鄰黃鸝坊橋，庭植棻尾
一本，春來飛花甚盛。舊有飛雪泉，淤塞已久，乃疏而
通之，源流不絕，頗有瀑布之觀云」。

（六）安徽會館

　　安徽會館，卽惠蔭花園，亦稱程公祠。在臨頓路南
顯子巷，距觀前大街不甚遠，自閶門去，人力車資約三
角，游者須納游資。

　　館本名洽隱園，為少微眞人韓馨隱居處，結構甚曲
折，後改為皖山別墅。同治中卽其地建程忠烈公祠、淮
軍昭忠祠及安徽會館。園有小林屋，為全園最勝處，有
洞窈然，外視之若極窄，迨入則又甚深邃，洞門鐫「小
林屋」三篆書，蓋傲林屋山林屋洞而闢，故名。洞中殊
黝黑，瀦水架梁，洞上虹隱樓，迴廊屈曲，複室杳深，
登覽可望城市，比出洞，則仍離洞不遠，是洞之勝卽在
此。又有桂苑及叢桂山莊，植桂樹於四周，仲秋之際，
繁若絢爛，金粟飄香，亦足以供人士之賞覽焉。

第六章　城南之游

第六章　城南之游

（一）公園

公園在皇廢基公園路，自閶門去，人力車資約四角，游資不收。

公園為近年所闢，設計者法人竺他摩氏。占地頗廣，舊為張士誠第宅，士誠在明初稱吳王，故其遺址稱王廢基，亦有稱為「皇廢基」者，在清為營盤廢地。

園之中有巨屋，為前圖書館，其前有噴水池，休憩之所。在右曰東齋，四面玻窗，宜冬宜夏。在左曰西亭，古樹婆娑，招涼更妙。園內又有土山一，建亭其上，曰民德。山南瀦荷池，架橋九曲，髹以朱紅，殊有畫意。夏日荷花盛放，倚欄憑眺，清香沁脾，於此納涼，可忘溽暑。此外曠地，亦皆淺草平鋪，綠陰匝地，極清曠之致。

（二）滄浪亭

滄浪亭在城內盤門三元坊，對門即可園，自閶門去，人力車資約八角。

滄浪亭為吳中勝境，舊為唐末錢氏廣陵王元璙別圃。宋蘇舜欽寓吳得之，築亭曰滄浪，因作滄浪亭記。而歐陽修又有「清風明月本無價，可惜只賣四萬錢」之句，由是「滄浪」之名遂著（蘇記、歐詩俱附後）。舜欽死，

屢易主，紹興時曾歸韓世忠家，俗名「韓王園」。由元
迄明，廢為僧舍，明嘉靖間為妙隱庵，建韓蘄王祠，釋
文瑛於大雲庵旁復為滄浪亭，歸有光為之記（記附後）。
清康熙間又建蘇公祠。商邱宋犖撫吳時尋訪遺蹟，復構
亭於山之巔，得文徵明隸書「滄浪亭」三字揭其額。咸
豐時燬，同治間巡撫張樹聲建復之，故今之滄浪亭，已
非復昔日之故址矣。民國十六年邑人吳子深立美術專門
學校於其中，往游者簽名可入。園前有石坊，額曰「滄
浪勝蹟」。園前積水數十畝，遍植芰荷，跨以石橋。門
面北，額曰五百名賢祠。祠東為面水軒，又有亭曰靜吟，
清應寶時有跋識之，讀之可以知滄浪亭今昔之異，因錄
於後：

> 滄浪亭舊在北碕，康熙間宋漫堂冢宰移置山巔，懸
> 文待詔隸書滄浪亭額，經兵燹不復存。歲癸酉重修，
> 山亭仍其舊，於北碕別構一亭，因取蘇學士詩意，
> 以「靜吟」名之，亦以存故蹟也。

蘇氏滄浪亭記書於亭屏門之上，出勒方錡手筆。有
山橫當其前，東西互數丈，洞壑玲瓏，山徑曲折。山巔
有亭，卽滄浪亭也，額為俞曲園樾書。由亭南下為明道
堂，堂之東北為瑤華境界、見心書屋，與臨水之靜吟亭
通。其西南有小樓，凡三層，曰看山樓，中祀二程夫子，
卽宋儒程顥、程頤也。顥卽明道先生，故有明道堂云。

看山樓下有石室，題曰印心書屋。西為翠玲瓏館，又西為蘇長史祠，中卽祀舜欽，北卽五百名賢祠，壁間環列石刻五百名賢繪像，對之令人起仰止之思。堂後東菑、西爽，與正門隔山相對，餘如清香館、聞妙香室在西偏，亦皆臨水。

園中石刻，有清聖祖賜吳存禮詩及楹聯、高宗御書江南潮災歎、題文徵明小像、蘇舜欽留別王原叔詩、道光中陶澍滄浪亭五老圖詠、朱珔七友圖記、楊鑄論詩圖題詠、歐陽修詩、歸有光記及康熙後重修各記。

蘇、歸二氏之文，一志其勝，一詳其興廢。蘇氏又有詩詠之，茲并歐詩錄於後，以備好古者之吟誦焉。

滄浪亭記　蘇舜欽

予以罪廢無所歸，扁舟南游，旅於吳中，始僦舍以處。時盛夏蒸燠，土居皆褊狹，不能出氣，思得高爽虛闢之地，以舒所懷，不可得也。一日過郡學，東顧草樹鬱然，崇阜廣水，不類乎城中。沿水得微徑於雜花修竹之間，東趨數百步，有棄池，縱廣函五六十尋，三面皆水也。杠之南其地益闊，旁無民居，左右皆林木相虧蔽，訪諸舊老云，錢氏有國，近戚孫承祐之池館也。坳隆勝勢，遺意尚存，予愛而裴回，遂以錢四萬得之。構亭北碕，號滄浪焉，前竹後水，水之陽又竹，無窮極。澄川翠幹，光影會合於軒戶之間，尤與風月為相宜。予時榜小舟，

幅巾以往，至則灑然忘其歸。觴而浩歎，踞而仰嘯，野老不至，魚鳥共樂，形骸旣適，則神不煩，觀無邪，則道以明，返思向之汩汩榮辱之場，日與錙銖利害相磨戛，隔此眞趣，不亦鄙哉。噫。人固動物耳，情橫於內而性伏，必外寓於物而後遣，寓久則溺，以為當然。非勝於是而易之，則悲而不開，惟仕宦溺人為至深。古之才哲君子，有一失而至於死者多矣，是未知所以自勝之道。予旣廢而獲斯境，安於沖曠，不與眾驅因之，復能於內外得失之原，沃然有得，笑閔萬古，尚未能忘其所寓目，用是以為勝焉。

滄浪亭記　歸有光

浮圖文瑛居大雲庵，庵環水，卽蘇子美滄浪亭之地也，求予作滄浪亭記，曰昔子美之記。記亭之勝也，請子記吾所以為亭者。予曰，昔吳越有國時，廣陵王鎮吳中，治南園於子城之西南，其外戚孫承祐亦治園於其偏。迨淮海納土，此園不廢，蘇子美始建滄浪亭，最後禪者居之。此滄浪亭為大雲庵也，有庵以來二百年，文瑛尋古遺事，復子美之構於荒殘滅沒之餘，此大雲庵為滄浪亭也。夫古今之變，朝市改易，嘗登姑蘇之臺，望五湖之渺茫，羣山之蒼翠，太伯、虞仲之所建，闔閭、夫差之所爭，子胥、種蠡之所經營，今皆無有矣，庵與亭何為者哉。雖

然，錢鏐因亂攘竊，保有吳越，國富兵強，垂及四
世，諸子姻戚，乘時奢僭，宮館苑囿，極一時之盛，
而子美之亭，乃為釋子所欽重如此，可以見士之欲
垂名於千載之後，不與其漸然而俱盡者，則有在矣。
文瑛讀書喜詩，與吾徒遊，呼之為滄浪僧云。

滄浪詩　蘇舜欽

一逕抱幽山，居然城市間；
高軒面曲水，修竹慰秋顏；
迹與豺狼遠，心隨魚鳥閒；
吾甘老此境，無暇事機關。

滄浪靜吟　蘇舜欽

獨遶虛亭步石矼，靜中清味世無雙；
山蟬帶響穿疏戶，野蔓盤青入破窗；
二子逢時猶死餓，三閭遭逐便沈江；
我今飽食高眠外。惟恨醇醪不滿缸。

滄浪亭　歐陽修

子美寄我滄浪吟，邀我共作滄浪篇；
滄浪有景不可到，使我東望心悠然；
荒灣野水氣象古，高林翠阜相回環；
新篁抽筍添夏景，老桥亂發爭春妍；
水禽閒暇事高格，山鳥日夕相啾喧；

不知此地幾興廢，仰視喬木皆蒼煙；

堪嗟人迹到不遠，雖有來路曾無緣；

窮奇極怪誰似子，搜索幽隱探神仙；

初尋一徑入蒙密，豁目異境無窮邊；

風高月明最宜夜，一片瑩靜鋪瓊田；

清光不辨水與月，但見空碧涵漪漣；

姑蘇臺邊人響絕，夜靜往往聞鳴船；

清風明月本無價，可惜祇賣四萬錢；

又疑此境天乞與，壯士憔悴天應憐；

鴟夷古亦有獨往，江湖波濤渺翻天；

崎嶇世路欲脫去，反以身試蛟龍淵；

豈知扁舟任飄兀，紅蕉綠浪搖醉眠；

丈夫身在豈長樂，新詩美酒聊窮年；

雖然不許遠客到，莫惜佳句人間傳。

滄浪亭中各楹聯亦皆出名人手筆，今附於後：

面水軒

短艇得魚撐月去，小軒臨水為花開。

——張之萬

面水軒

徙倚水雲鄉，拜長史新祠，猶為羈臣留勝蹟；

品評風月價，吟廬陵舊什，恍聞孺子發清歌。

——洪鈞

明道堂

清斯濯纓，濁斯濯足；

智者樂水，仁者樂山。

——杜文瀾

明道堂

泉石憩名賢，伴具區煙水，林屋雲巒，獨向塵寰留勝蹟；

簿書逢暇日，更解帶親耘，停車問俗，豈徒觴詠事清游。

——張樹聲

明道堂

百花潭煙水同清，年來畫本重摹，香火因緣，合以少陵配長史；

萬里流風波太險，此處緇塵可濯，林泉自在，從知招隱勝神仙。

——薛時雨

蘇長史祠

湖州長史昔貶謫，守道好學，發憤憊於歌詩，風雲變化，雨電交加，一時豪俊，多從之游，磊落軒昂，足知文士有聲價；

商邱中丞嗜吟眺，景賢修廣，以精神相依憑，密邇宮牆，掃除污穢，三吳流傳，追尋其地，前倡後繼，爰飭祠宇肅豆籩。

——吳履剛集滄浪小志中語

五百名賢祠

千百年名世同堂，俎豆馨香，因果不從羅漢證；

廿四史先賢合傳，文章事業，英靈端自讓王開。

五百名賢祠

彷彿煙波中，花天月地小開闢；

俎豆竹梧徑，冥交神契徧周旋。

——吳履剛集滄浪小志中尤西堂書王方若句

（三）可園

可園在城內盤門三元坊，與滄浪亭相對。

可園在清為存古學堂，後曾設游學預備科於此，嗣為省立圖書館。游學預備科係巡撫陸春江氏奏准設立，監督為邑人蔣季和太史。於時與游學預備科毗連者，有江蘇優級師範學校、江蘇高等學堂、蘇州府中學堂。學子彬彬，極一時之盛，其地儼然成一「學校街」焉。

入園門，自右折而入，通以曲廊，有亭翼然，曰「思陸」。壁嵌刻象，即陸春江氏也。再進又有亭一，嵌壁有陳彭年刻象，陳嘗守蘇，有德政。亭後土阜上亦有亭，園內植梅數百，白碧紅三色俱有，以鐵骨紅梅為最貴，佐以池渠亭閣，亦頗饒畫意。園後有屋櫛比，即當年游學預備科學子藏修息游之處也。按游學預備科因設立既不甚久，學子畢業亦僅一屆，故是校蘇人似已淡焉若忘，因特識之。

（四）孔廟

孔廟係郡學，亦稱府學，在盤門城內三元坊。其左與滄浪亭可園甚近，其右距開元寺亦不遠。

廟占地甚廣，係宋范文正公典鄉郡時捨宅所建，相傳護龍街北端之北寺塔為龍尾。而孔廟則為龍首，蓋護龍街自北寺塔可直通至三元坊孔廟云。

廟失修已久，兩廡神位亦俱無存，韋、白二公祠等處幾成破屋，荊榛塞道，蔓枝牽衣，空餘泮池古木與巍巍之大成殿，供人太息敬謁而已。近聞有興修之說，弘聖尊師，是所望於當世君子。

廟中石刻甚多，不備述，有蘇州古城圖，閱之可以知蘇城今昔之異，市有搨售。

（五）開元寺無量殿（瑞光塔附）

開元寺在城內盤門大街，自閶門去，人力車資約八角。

開元寺本為今之報恩寺，後唐莊宗時，錢鏐移寺徙僧於此，明萬曆間御賜藏經，建閣供奉。閣全用甓累，不著寸木，俗因呼為「無樑殿」。閣供無量壽佛，故又稱無量殿。殿凡二層，寺中又有臥佛，錦被蔽體，求嗣者多禱拜之。每年古歷七月三十日地藏王菩薩誕辰，開放進香，游人甚眾。

出開元寺向右眺，即見有塔兀立於荒榛之間，是即瑞光塔。塔為孫權所建，以仰報母恩，凡十三級。至宋

宣和間，朱勔出資重建，改為七級。塔屢放五色，故名
瑞光。清同治十一年曾重修之，今已傾圮不可登。

第七章 木瀆　靈巖山
　　　　光福

第七章　木瀆　靈巖山　光福

　　木瀆為蘇州首鎮，靈巖山多吳宮遺蹟，光福鄉亦多佳山水，游者欲自木瀆而靈巖而光福，順道探勝，作數日游，固甚便利，即分游亦無不可焉。因合為一章而再分述其要如次。

（一）木瀆

　　木瀆離城約十八里，水路有小汽輪由胥江直達，陸路則可循南御道而往。然為節省時間計，不如自閶門乘蘇木汽車經公路直達。倘乘人力車，車資約一元餘，馬車倍之。

　　木瀆之名，始見於元豐九域志，宋史因之，明清兩朝設官分理。民國初元更畫市鄉區域，而事務益多。至是地之所以稱木瀆者，則因吳中地名多取溪瀆，如射瀆、練瀆、管瀆、菱瀆之類甚多，而相傳昔時吳王得越貢神木，將築姑蘇臺，積材三年，連溝塞瀆於此，故以為名云。

　　木瀆區域甚廣，東至運河，南至堯峯山，西至穹窿山，北至支硎山，東南界石湖，西南出太湖，西北界白陽山，東北界楓橋。堯峯山以唐堯時洪水汛濫，吳人避居於此得名。自清汪琬構山莊於其下，自是堯峯之名遂益著。穹窿山為古仙人赤松子采取赤石脂處。支硎山則

晉高僧支遁嘗憩遊其上，山多平石，故因支遁以支硎為
號。白陽山或作白羊山，為明高士陳道復隱居處，陳號
白陽山人，故名。是四山者，或涉野史，或以人著，因
略述於此。

至首節所述之「南御道」，其馬頭在木瀆市東，卽
清聖祖、高宗駕幸靈巖時御舟停泊處也。按御道有二，
一自盤門橫塘來至木瀆，上靈巖，又西經獅子口；一自
楓橋抵支硎、寒山、龍池。轉南行。出獅子口，與南御
道合而西行，過善人橋，直至元墓山而止。御道甃磚成
人字形，甚平坦，詢村農無不知者，因亦識之。

木瀆有十景，清吳溥有詩分詠之，茲先述其略，并
附吳詩於後。

一、**法雲古松**：崇政橋東，有寺曰法雲庵，或曰法雲
　　寺，明天啟間僧鑑明建。有二松甚古，門左右有尤
　　侗誓願碑記，及熊傳栗開興福塘記二碑。塘在法雲
　　庵南。吳詩云：

> 何年高挺兩虬枝，鬱作慈雲蔭古姿；
> 夜靜濤聲誰領得，山僧出定四更時。

二、**白塔歸帆**：鎮東敵樓下有白塔浜，北穿御道。吳
　　詩云：

布帆葉葉送輕舠，卻共歸鴉落影遙；
村市依微燈火出，數聲柔櫓過溪橋。

三、**南山晴雪**：南山蓋指堯峯山。吳詩云：

連峯積素浩漫漫，晃漾朝光兀自寒；
正似海天初照裏，玉山一抹壓銀欄。

四、**斜橋分水**：斜橋在鎮西街東口，香溪水東流，過鎮，
折而入胥江，故名。吳詩云：

山溪交匯激難留，拍岸跳波駭過舟；
何事洶洶爭兩派，終看合併作東流。

五、**虹橋晚照**：虹橋在山塘街東南，跨香水溪而築。吳
詩云：

雨餘霞綺落雲間，絢作晴虹跨碧灣；
好在紅欄高處倚，舉頭無限夕陽山。

六、**下沙落雁**：鎮有上下沙塘，上沙自赤山塢流出，過
明徐俟齋潤上草堂，折而東南，至畢家墳，為金山
南浜，與下沙塘水合。下沙則自香水溪分派北流至
金山，東北會落星涇，其別派過雁橋而入西津橋塘。

吳詩云：

> 數點橫斜夕照邊，水雲鄉畔宿寒煙；
> 誰從傳此無人態，蘆荻蕭蕭雪滿天。

七、**山塘榆蔭**：山塘街西有王家橋，橋之東榆藤交柯，綠蔭匝地，凡路過山塘者，無不欲一賞此古樹焉。吳詩云：

> 山郭人家似水村，榆蔭深處半開門；
> 最憐微雨新晴後，染得溪流綠有痕。

八、**靈巖晚照**：靈巖山在鎮之西北。吳詩云：

> 平林暝色接蒼茫，卻聽疏鐘出上方；
> 滿徑松風吹不斷，一聲和月度寒塘。

九、**姜潭漁火**：姜潭在姜窰東北，胥江水匯而成此。吳詩云：

> 曬網船頭日近殘，夜來篷底話團圝；
> 自緣怕涉風波險，只守寒燈望舊灘。

十、**西津望月**：西津橋在鎮西街西口，跨胥江而築。吳

詩云：

> 水環小市石橋橫，清曠偏宜待月明；
> 一片秋光浸樓閣，知誰望遠最多情。

右十景除第三及第八外，亦稱香溪八景。

鎮上園林，有一嚴園，在山塘街王家橋畔。園一名端園，清道光八年錢端溪照所築，自為記。有友于書屋、眺農樓、延青閣諸勝。端溪隱居不仕，以能詩名。庚申兵燹後，端園獨存，今改屬嚴氏。園以石假山著名，惜荒蕪已久，日見頹圯。入門須給老嫗開鎖錢，至多二角。

此外鎮上古蹟，有怡泉亭，在殷家弄。里人馮怡泉與殷心抑為友，嘗以百金存殷所，而馮歿無子，殷為起井亭，四周皆石闌，即以「怡泉亭」三字顏之，為行人遊憩之所，事在明崇禎二年。又有梁巷，在上沙夏王廟後，相傳漢高士梁鴻嘗寓此，此皆以人著者也。又有明月寺，在山塘後，唐清泰三年僧明智建。其西半里許，有牧牛庵，清康熙間僧勝契所創。李果詩有「梨花明月寺，芳草牧牛庵」之句，一時傳誦。今牧牛庵已改節孝分祠，明月寺猶存，光緒十六年僧道根重修。又有富春道院，在鎮上南街東，宋治平中建，清康熙二十三年修，並就其旁地創建郡廟。咸豐庚申被燬，同治中重建，此寺觀之較著者也。

鎮上市廛極繁盛，不亞於城中諸大街。游客至鎮後，

如欲果腹，則石家飯店之鮰肺湯，不可不一嘗焉，湯以
經于右任題詩而著。民國十七年秋，于氏自光福看桂道
經木瀆歸，就飲於石家飯店，主人以鮰肺湯進，于贊賞
之，為題一絕，并書以贈之。詩云：

老桂花開天下香，看花走遍太湖旁；
歸舟木瀆猶堪記，多謝石家鮰肺湯。

主人以是張諸壁間，而石家飯店一經品題，遂聲價
十倍矣。店新築精舍數椽，髹以朱漆，座上客常滿，且
可於此宿夜焉。木瀆棗泥麻餅，著名亦已久，餅餡以棗
搗之成泥，和以糖，食之甘脆可口。餅有葷素二種，遊
者多樂購之。

（二）靈巖山

靈巖山在城西三十里，木瀆鎮西北，自鎮往，不過
四、五里，或步行，或乘山轎皆可。山轎轎資，單程約
四角，雙程倍之。如自城往，汽車約半小時可達，價約
三元。人力車約二時半，價一元五角。舟行約四小時，
價約三元，膳食在外，並有輪船開往。故自城往游靈
巖，亦至便也。

靈巖山高三百六十丈，一名硯石山，吳越春秋云：
「闔閭城西有山號硯石，上有館娃宮」。越絕書云：「硯
石山有石城，吳人於此置館娃宮」，即其處也。蓋山連

巉村，產石可為硯，其色深紫，佳者殆不減歙溪。米氏硯史云：「巉村石理粗。發墨不糁」，即指此石。又宋高似孫硯箋亦謂：「璞少瑕多，瑩者擬端溪」，山名硯石蓋以此。至山所以名靈巖者，則因山多奇石。靈巖塔前，有石壁聳起，名「靈芝石」，為奇石之最，故又以為名。山既拔奇挺秀，其上又多吳越古蹟，以是遂為吳中名山。茲為便利游者計，先述是山大概，以作嚮導，而後再述其種種古蹟，俾游者可以低徊憑弔焉。

自木瀆鎮沿御道，直抵靈巖山麓，見有亭翼然，曰「垂蔭」者，即入靈巖勝地之伊始也。前行約二十餘步，右有再來人張永夫墓，又有骨塔，係新用白石築成，狀亦如小亭然。稍進為靈巖下院，殊冷落，無可觀。

半山有迎笑亭，游人力疲，可於此稍息。仰眺即見塔寺高聳，倍極壯麗，可以鼓游人之勇氣焉。再上行，向側俯視，則又足使人驚為下臨無地矣。復上行，左有西施洞，相傳吳王囚范蠡處。自洞循小徑，可上「饅頭石」，折而東，可至「醉僧石」。折回「饅頭石」，向左西行，可達靈巖寺正門。中經「梳妝臺」，旁有石，名「望佛來」，即俗所稱「烏龜望太湖」者是也。

入寺，初為新建大殿，殿前有硯池，小石橋跨之。池東為客廳，於此小坐，可往探玩花池、玩月井、吳王井、智積禪師井、石城諸勝蹟。復繞出寺門，西行而至琴臺，臺占山西北絕頂。登其上眺之，見四圍遠山，若相拱揖，殊足令人起凌雲之想焉。

客廳之東為靈巖塔，高搏雲霄，凡九層，中燬而僅存外廓，故可望見第一層屋梁。塔之四周俱為靈芝石，而以塔前高聳之石壁為最勝。塔北為食堂，東南為鐘樓，客廳之北為藏經樓，樓東小室為方丈室，小室東為智積堂，此靈巖寺之大概也。游者欲於寺果腹，則白飯香蔬，亦頗覺別有風味耳。

山麓之西約里許，韓蘄王碑在焉，是亦不可不一訪。碑高四丈，闊八尺，贔屓載之。碑面上半截鐫「中興佐命定國元勳之碑」十大字，兀立於松柏叢中，據云是碑為天下第一碑。

靈巖山多奇石，「靈芝石」、「醉僧石」、「石鼉」、「石鼓」、「石射垛」、「壽星石」、「佛日巖」、「披雲」、「望月」二臺、「石樓」、「袈裟石」、「石髻」、「石城」、「石馬」、「槎頭石」、「獻花石」、「藏經石幢」、「貓兒石」皆巖石之有名者。醉僧石俗名「石羅漢」，亦名「癡漢等老婆」。石鼉俗曰「石龜」。石鼓俗名「升籮石」，在山東岡下，相傳鳴則有兵。石幢俗曰「梳妝臺」。石射垛在其東。佛日巖係石壁，甚峭拔。披雲、望月二臺在其下，「披雲」有蘇軾題字。石城在山寺西、琴臺東。貓兒石在西施洞口前。此舉其著者言之，餘不詳述。

以上為靈巖山大概，茲將古蹟之現存或已廢者再分述之，以為游者之談助焉。

再來人張永夫墓：

永夫名錫祚，居木瀆下沙塘，今莫知其處。家貧工詩，賣卜為生，卒以窮餓死。友人盛青嶁為出貲殯葬，立石表墓。後青嶁入京師，館藩邸，並游蜀幕，越十數年而歸，居家八旬壽宴，官紳畢集。忽有東省貴客投刺入，翩翩年少，風度不凡，顧無識面者，合座驚異。客請少間，與主人談，謂曰，先生忘之乎，某前生即君摯友張永夫也。主人愕然，客微笑曰，試數彼去世若干年，范式何人，為張紹死友，某今已春秋十八，幸入翰苑，夢寐不忘故人，且稔君懸弧令旦，故遠來慶祝。不然，何以得知之。主人猶不信，客曰，無慮也，吾兩人當日詩歌唱和，凡他人所不知者，試各誦數篇如何。主人頷之，及背出，果不差一字。主人乃狂喜，遂徧告諸賓，歡飲連觴三日。客出囊金百兩，謝主人舊賻而去，自後亦不知其身世也。以其人奇事奇，故鄉人呼之為「再來人」。永夫詩高淡淳古，出入陶韋間。今附其詩一首於後：

自太平庵至富春院看菊　張錫祚

攜朋離野寺，隨磬入雲房；
白鶴上高樹，寒花明夕陽；
詩裁五字穩，畫對四山蒼；
老子多清興，相期寄數將。

靈巖寺：

寺為館娃宮舊址，在晉為司空陸玩宅，玩捨為寺，梁天監中增拓之，名秀峯寺，有智積菩薩化形畫相之異。唐宰相陸象先始建智積殿及涵空閣。宋紹興中。賜蘄王韓世忠荐先福，名崇報禪院。歷元、明、清，代有興廢。清宣統三年，真達上人接充住持，興復之功，頗利賴焉。迄於今鳩工庀材，大加擴充，印光法師復為嚴訂規條。四方淨侶，聞風雲集，有是寺而名山為之增色不少矣。

靈巖塔：

宋初節度使孫承祐為其姊吳越國妃建，明萬曆三十八年雷雨大作，火自塔中出，盡焚其木而磚獨存。

玩花池：

在寺西山巔，池方形，中植芙渠，今養金魚。當時建於館娃宮中，吳王與西施采蓮為樂。

吳王井：

張大純采風類記云：「山有二井，圓象天，八角象地」。一說圓曰「日池」，八角曰「月池」，又稱八角者曰「智積禪師井」，則以梁天監中經智積禪師修葺，故名。

石城：

郡國志云：「石城山有吳王離宮，越獻西施於此」。

琴臺：

舊傳西施嘗鼓琴於此，有王鑿題二大字在石面。范成大謂下瞰太湖及洞庭南山，滴翠叢碧，如在白銀世界中是也。

響屧廊：

循塔南西上，舊有小斜廊，名響屧廊。圖經云：「吳王以梗梓藉地而虛其下，西子輦行則有聲」，故名。

百步街：

在響屧廊東。

西施洞：

街南石室為西施洞，舊傳吳王囚范蠡處。洞口有牛眠石，前為「出洞龍」、「貓兒石」。

划船塢：

洞東西為二划船塢，蓋吳王潴水以戲龍舟之所，一名「畫船塢」。

妙湛泉：

在划船塢旁。

采香涇：

在山前十里，斜橫如臥箭，故俗又稱「箭涇」。舊傳吳王種香於香山，使美人泛舟於溪以采香，故名。

韓蘄王墓及神道碑：

在山西麓，宋孝宗御題神道碑，即「中興佐命定國元勳之碑」十字是也。字正書分十二行，字徑一尺二寸，居中有字曰「選德殿書」，碑文為趙雄奉勅撰，周必大書，都一萬三千九百字，分八十八行，每行百五十字。碑額之高，碑文之多，為天下第一。韓王祠在墓附近，由寶藏庵入，中有紅梅兩大株，祠屋三楹。清道光十三年重建，殿內多碑記，祠門題「韓蘄王饗堂」五字。

靈巖山館：

在西施洞下，清畢沅少讀書靈巖山，宦達後築此。清嘉慶間歸常熟蔣氏，故亦曰蔣園。咸豐中燬於兵燹，片瓦不存，惟殘壁頹垣，猶可憑弔也。

以上所述，皆靈巖諸蹟之犖犖大者，若云漏萬，自不能免。至於歌詠，則自唐以來，代有佳什，不具錄，姑附數首，藉助吟興。

靈巖山　韋應物

始入松路永，獨欣山寺幽；
不知臨絕檻，乃見西江流；
吳岫分煙景，楚甸散林邱；
方悟關塞渺，重軫故園愁；
聞鐘戒歸騎，憩澗惜良游；
地疏泉谷狹，春深草木稠；
茲焉賞未極，清景期杪秋。

靈巖山寺　蘇舜欽

古來興廢一愁人，白髮僧歸掩寺門；
越相煙波空去雁，吳王宮闕半啼猿；
春風似舊花猶笑，往事多遺石不言；
惟有延陵逃遁去，清風高節老乾坤。

館娃宮　趙翼

湖光山色一憑欄，想見朝朝暮暮歡；
此地春常留屧響，有人夜正臥薪寒；
唾成珠玉香猶溼，舞破山河髻未殘；
恩受吳王功在越，可憐啼笑兩俱難。

靈巖山吳宮井（調寄洞仙歌）　秦雲

銀牀玉甃，想娃宮珍重，西子君王采蓮共，起梳妝，
料得弄粉調脂，呼取水，宮女提來銀甕，沼吳人已

去，白紵歌殘，葉落秋梧故宮痛，井水閱興亡，廢
苑烏啼，眞喚破，繁華如夢，到此日，空留付山僧，
只汲注軍持，佛前花供。

韓蘄王墓　趙翼

麒麟高塚占雲墟，異姓眞王百戰餘；
勳業未來先臥虎，英雄老去亦騎驢；
葬應祕器蒙分賜，績尚豐碑表特書；
宋待功臣原不薄，棲霞何事獨誅鋤。（原注謂岳忠武）。

（三）光福

光福鎮距城六十里，有蘇福汽車可直達。舟行由胥
江過木瀆、善人橋而至鎮，有小輪開駛。若雇民船，則
朝發夕至，費時較久。鎮有尋梅旅社及鄧尉浴室，登山
探勝，可雇山轎，每乘給資約二元。

蘇州光福鄉，山水尤勝，琳宮貝宇間，往往有三代
吉金、六朝遺刻，非他處所得比。風氣樸誠，居民多業
圃。自梅花外，廣植果木，故諺有「山家十八熟」之語，
非虛語也。

至鎮之所以名光福者，則因其西北有光福山故。山
一名龜山，有光福塔及寺，梁九眞太守顧氏捨宅建。山
不甚高，市廛環之，蓋山以寺得名，鎮又以山得名也。
寺中有銅觀音像，係宋康定元年居民於廟旁泥中得之。
相傳禱雨輒應，至今吳中大旱。必云「請銅觀音」。寺

中碑刻，有梁天監石幢、唐大中五年六年尊勝陀羅尼經兩石幢，在門首左右對列，此外尚有宋、元、明諸刻，不具錄。塔凡七層，亦建於梁，清乾隆中里人徐堅募資修之。寺左側有顧野王祠及墨沼。

題光福上方詩　顧在鎔

　　　　蒼島孤生白浪中，倚天高塔勢翻空；
　　　　煙凝遠岫列寒翠，霜染疏林墜碎紅；
　　　　溪渚或棲彭澤雁，樓臺深貯洞庭風；
　　　　六朝金碧落何處，偏旁葦叢驚釣翁。

　　光福山北為虎山（見後），山下有東崦草堂，占地頗廣。樓閣參差，花木扶疏，頗饒幽趣。昔為徐氏所築，今歸畫家吳似蘭，置為別業，更名曰華園。如欲游覽，投刺可入。

　　鄧尉探梅，夙稱韻事，故言光福諸山，必云鄧尉。山在鎮西，為光福附近諸山之總名，以漢高士鄧尉隱此，今以名山。宋淳祐間，高士查莘居山隖植梅，鄉民羣起效之，栽梅為業，流傳至今。花時漫山皆白，遍地俱香，故「鄧尉探梅」為江南勝事。至鄧尉諸山脈，則如一「勾」字形，初筆為吾家、銅井、西磧諸山，鉤處近光福，連接鄧尉、玄墓，中間為青芝、石樓、長岐諸山。梅花勝處，綿亘十里，當分作三日遊，始可盡其勝。

　　遊程有三，一、自鎮過費家河，南行，徑造玄墓，

轉西踰長岐，至石樓、石壁，折回過天井、倪家巷、而
至「香雪海」，此為中路，最遠亦最勝。一、出澗上至
銅坑、窰上，為北路，可沿水道往。一、由梓里、棠梨、
上柴莊嶺，為東路，須穿御道往。

　　茲將鄧尉諸山勝蹟，簡述如左。古今吟詠，酌錄附
之。鎮北有虎山，為鄧尉諸山之始，因先言虎山。

　　虎山中通一溪，跨以石梁，連東西二崦，風景絕勝，
此石梁即虎山橋也。橋係宋嘉泰中建，元改三洞，明申
文定公時行重建。按明徐枋記略云：「凡遊鄧尉者，必
遊虎山橋。虎山固鄧尉諸山之始也，其地四面皆山，中
匯二堰，以受諸山之水，迴環上下約二十餘里。有石梁
在亂山中，雄跨二堰間，層巒映帶，波光極目，如長虹
夭矯，橫亙碧落。」（下略）。

　　虎山橋之勝具於是。橋左右有東西二崦，亦稱上崦、
下崦，為元末張士誠所鑿分。明烏程董氏築堤栽柳，益
稱勝景。董氏創此堤，費不貲，時年饑甚，民無所得粟，
董氏令載土一舟，易米數斗，數日之間，遂成大堤，明
袁宏道有記述之。記中并云：「長堤一帶，桃柳相間，
每三月時，燦縵如萬丈錦，妖童麗人，不減西湖」。可
以想見當日之盛矣。明吳寬有虎山橋詩，與袁記可相參
證焉，詩附後：

虎山橋詩　吳寬

　　　南人相見詫杭州，自料西湖讓一籌；

天為漁家開下崦，晚宜畫舫駐中流；

新詩已判縱橫寫，佳景從教次第遊；

孺子歌聲何處起，落霞孤鶩水悠悠。

由鎮往鄧尉山，南踰崿崦嶺，嶺上有豐樂亭在焉。自豐樂亭再行約二、三里，至青芝隖，其北有司徒廟，相傳祀漢鄧禹，亦曰「柏因社」，中額曰「古柏山房」，後曰「第一杏林」。廟中有古柏數株，勢極蟠屈，最著者卽「清」、「奇」、「古」、「怪」四柏，皆千年物，經清高宗錫以佳名，而司徒廟古柏遂亦為光福諸勝之一。「清柏」挺直如笏，羣枝四垂；「奇柏」一幹上蠹，及至頂上，始分為二，左右競蒼；「古柏」幹大十抱，全身蒼皮斑剝若龍鱗，紋成左紐，而禿其頂；「怪柏」則幹橫臥土中，向左右挺生，枝柯曲屈，綠葉四出，宛如獅虎伏地，昂首舉爪，洵奇觀也。近患遊人攀折枝條，刮取柏香，以鐵闌護之。旁有魁星閣，閣下有清帝御案，漆繪殊工精。相傳清聖祖、高宗南巡臨幸香雪海時，特置此案，後移廟內云。此司徒廟之大概也。

司徒廟古柏　汪芭

司徒廟中有老柏，雷雨空山孕靈魄；

霜皮黛色不計年，元鶴青鸎此樓宅；

我聞高宗昔巡方，嘉名肇錫題煌煌；

散材遭遇抱負出，柯榦拂濯皆軒昂；

揭來探幽披榛莽，林際翠華猶想像；

黃綺仙骨鍊更堅，重扇孫枝儼爭長。

（李賀詩小柏儼重扇）

一株清如五粒松，冠劍鵠立珂鳴鳳；

白日篩地碎荇藻，塵墻不到煙梢空；

一株奇礓拔天外，樓桑童童作車蓋；

蚴蟉鬱怒髯戟張，蛇脂膚皴蛟脊蛻；

傍者僵臥三千齡，古色照人難鑄形；

防風朽骨互撐柱，土花蝕血青銅腥；

奞然辟歷起光怪，磔裂不死根走地；

負牆蹲坐勢欲飛，蜿蜒伸作挐雲臂。

嗚呼。

一柏一狀各有眞，化工創格無相因；

丹青安得寫狡獪，畢宏韋偃徒逡巡。

君不見元墓松林密如薺，一朝空隕牛山涕；

又不見靈巖古木森參天，劫火殘灰弔山鬼。

此柏輪囷化神物，薜荔作衣苔作髮；

行人閒訪殷社春，野徑雨餘長薇蕨。

　　按汪號茶磨山人，與西脊山人秦雲、天平山人朱堉、
同稱吳中三山人。

　　汪字燕庭，秦字臞雨，朱字萬卷，皆清季諸生，工

詩。秦并工詞曲，詩詞已見前，編者附識。

出司徒廟，少西北，約數百步，即香雪海。香雪海在馬駕山腰，山俗訛為「吾家山」，四周皆植梅，清康熙中巡撫宋犖題「香雪梅」三字於崖壁，其名遂大著。聖祖、高宗南巡，俱駐蹕於此，舊建御碑亭，兵燹被毀，民國十二年里人募巨資重建。登臨四望，太湖迷茫萬頃，羣岡分峙左右，俯瞰梅樹，白色無際，蕩漾清芳，此香雪海之所由名也。山中人率樹梅以為業，與藝茶、條桑並重，清汪琬馬駕山記有「梅五、茶三、桑二」之說，并號為「光福幽麗奇絕處」云。

下馬駕山，循大路至天井山，多紅綠梅，亦有以盆栽出售者，故花事亦極繁盛。過天井山，經大王廟約六七里，即至蟠螭山，山俗呼為「南山」。在彈山四南，陡入湖中作蜿蜒狀，以此得名，亦稱石壁。翠屏百仞，周約數畝，天然森削，上有石壁精舍，即永慧寺。正殿題曰東湖精舍，後有大雄寶殿，有修竹數百竿繞之，為山中最勝處，春秋遊履所萃。門前即望湖臺，疊石為之，繞以短垣，中置石案、石凳，潔無纖塵。據案望湖，風濤起於足下，宛如凌虛憑空焉。

石壁　汪芑

> 憨公棲隱處，山背精舍闢；
> 峭壁疑削成，晴崟太古碧；
> 茶煙颺禪榻，竹色照岸幘；

空翠不可捫，清寒落几席；

夕陽半嶺秀，雲氣全湖白；

翛然埃壒外，高吟愧謝客。

自蟠螭山東北拾級而上，至石樓。石樓在彈山南岡，多蕩竹。巨者三四圍，而山徑高高下下，觸處皆梅，看梅最盛處也。磴道之上為古寺，即石樓精舍，有明趙宦光篆書「石樓」二字。

自石樓西行，折南至嶺上，亂石錯列，大小不一。登此而望，滿目皆梅，紅、綠、白三色燦爛，若鋪錦然，實較香雪海為勝。

登萬峯臺題壁　汪芭

仄徑盤迤上，高臺倚萬峯；

湖光浮地脈，雲氣盪塵胸；

齋散鐘魚靜，春晴竹樹濃；

清游眞不厭，茗話夕陽春。

自石樓而下，繞彈山，經騎龍山，越長岐嶺，而至玄墓山。山在鄧尉西南六里，相連不斷，實一山也。相傳晉青州刺史郁泰玄葬此，故名。明初萬峯和尚居之，故又名萬峯山。明袁永之裒游記云：「吳之山，惟玄墓最僻亦最奇，面湖而險隩。丹霞翠閣，望之若屏。背鄧尉而來，法華障其前，銅井、靑芝迤邐其右，游龍駕其

左。妙在絕頂一登，則洞庭諸山悉陷伏於湖，而湖波遂混茫，盡為一色」。是非親歷其境。不能知也。

山有聖恩寺，即萬峯道場，俗名「玄墓寺」，一名萬峯寺，梁僧惠濟始居此。唐天寶間建天壽禪寺，宋寶祐間又建聖恩禪院，為上下道場。元季寺燬庵存。時蔚說法開山，時蔚即萬峯和尚，此寺之所以又稱萬峯道場也。明時增建殿宇，並鑄巨鐘，上鏤法華經全部六萬字，正統八年賜今額。清聖祖南巡臨幸，宿四宜堂，御書「松、風、水、月」四字額以賜。高宗復六次臨幸，賜額。同治十年僧眞照重修，今寺內有梵天閣、藏經閣、還元閣、碧照軒、松風水月軒諸勝，都三百餘間，而以還元閣為最勝，可望太湖。

過聖恩寺古法堂　尤侗

> 竭來尋古寺，滿徑溼雲封；
> 丈室依雙樹，孤煙對萬峯；
> 湖山春載酒，風雨夜聞鐘；
> 招取梅花片，為君剖五宗。

寺有喝石，相傳穿井有巨石下墜，萬峯喝止之，故名。法堂有明僧吼崖禪師在寺靜修三十年之足印留磚上。西南有八功德泉，水如沸珠。又名沸珠泉，今鄉人取以繰絲，色更光潔。郁泰玄墓在寺後，有碑題曰「晉青州刺史郁泰玄墓」，墓旁有奇石，俗名眞假山，嵌空玲瓏，

巧若天成。明天順間於土中露見稜鍔，後漸湮沒。至清康熙十七年仲夏，積雨，山泉衝激，復有石露於大悲壇東，寺僧因而搜之。得明盧熊所題「神獅出岫」、「海湧門」、「汲硯泉」、「涵輝洞」、「峭壁巖」、「螺髻峯」、「流雲洞」、「凌空橋」八景。近人康有為題「壽洞」二字於石上。此皆聖恩寺之勝蹟也。

寺中珍藏古物，有周邾公牼鐘，古色斑斕，鐘帶間三十六乳，銘文為籀篆，有拓本長卷，題跋甚多。又有明葉璠繪文殊指南圖及清道光中胡錫珪為覺阿上人繪一蒲團外萬梅花圖諸手卷，山僧皆珍重之。此外法堂中有楠木古器，猶是明代物也。

寺門外左有鐘樓，御道直接蘇州，清聖祖、高宗駕幸山寺所築。山前為錢家磡，今稱「坎上」，東南踰柴莊嶺，為米堆山。

米堆山腰有五雲洞，明顧封公天敍所闢，累石為樓，後改僧庵，俗名「老虎洞」，明季有虎伏於內，故名。中臥巨石，若疊牀橫艖，可驚可喜，別有泉側出，通前井。近山有寺曰獅林寺，壁嵌楞嚴經石刻。

五雲洞　汪芑

招提孕巖腹，聞鐘得禪悟；

鳳浴淵不波，虎蹲石礙路；

洞陰秋灑灑，始覺熱腸誤；

天從井底窺，崖罅一痕露；

泉響碎琴筑，石氣潤衣屨；

中有采薇人，清風互遲慕。

（顧簡州先生絕粒處）

　　馬駕山東有銅井山，一山兩名，北曰銅阬，相傳晉
宋間鑿阬，取沙土煎之成銅，故名；南曰銅井山，頂有
巖洞，其懸溜匯而為池，曰銅泉，亦有庵。

銅井　　汪芭

複嶺松風寒，山頂時隱見；

磴道踰百盤，湖光谿三面；

寺門泉脈匯，縈注若凹硯；

俯瞰鑑毛髮，茶味出鍛鍊；

境迴身忘疲，世遺夢逾戀；

比似蘇髯翁，羈懷託陽羨。

　　銅井西有西磧山，方廣五六里，其巔有划船石，西
麓怪石巉巖，有泉注出，曰夾石泉，味濃厚。山北麓為
窰上，村多果木，枇杷尤夥，即所謂「窰上枇杷」者是
也。居民百餘家，有小邱曰「熨斗柄」，長百餘丈，斗
入湖中，明唐寅為繪圖，題曰「黃茅小景」。山之西南
曰迪山，有程氏逸園，清高宗嘗臨幸其地。昔錢牧齋探
梅鄧尉，過熨斗柄，登茶山，歷西磧、彈山，抵銅阬，
作竟日游。有詩記之，今附後。

十七日早晴過熨斗柄登茶山歷西磧彈山抵銅阮還憩衆香庵　錢謙益

吳山環西南，其山秀而嶧；

鬱盤起玄墓，迤邐屬西磧；

梅花生其中，居然好宮宅；

譬彼冰雪姿，綽約處姑射；

回環具區水，黏天浸寒碧；

空濛滋霜根，浩渺盪月魄；

湖山畜氣韻，煙雲發芳澤；

所以西山梅，迥出凡梅格；

我來早春時，發興蠟雙屐；

探奇忘晴雨，尋花越阡陌；

茫茫梅花海，上有花霧積；

不知何處香，但見四處白；

籃輿度花杪，登頓旋已易；

恍惚如夢境，愕眙眩游跡；

縱覽乘朝暾，留連坐日夕；

殘陽挂煙樹，橫斜似初月；

清游難省記，勝情易追惜；

還恐梅花神，芒芒笑逋客。

鄧尉諸勝，大致已如上所述，茲殿以汪苕光福竹枝詞，考風問俗，可資鏡焉。

光福竹枝詞　汪莒

路轉橫塘木瀆西，十三橋過午雞啼；

人來光福無須問，一塔船頭望不迷；

鄧尉諸峯似几平，聖恩寺裏有鐘聲；

游人爭上還元閣，山色湖光照眼明；

米堆山下樹周遮，路出錢家磡上斜；

數里近通香雪海，筍輿一徑落松花；

綠雲村舍罨稠桑，蠶過三眠采葉忙；

相約明朝梳裹早，繭團先賽馬頭孃；

山中果熟客航來，桃杏枇杷摘作堆；

辛苦一年衣食計，讓他裙屐說探梅；

賣花挑菜踏歌連，村女鄰娃袂共牽；

銅井山高茶要采，布裙紅上翠微巔；

松柴壓擔趁墟遙，石級登登嶺一條；

價賤米船關外至，短篷齊泊虎山橋；

斜陽魚鼓隔溪聞，船聚潭東市價分；

中婦數錢翁換酒，小魚論斗不論斤。

按第七首所云「關外」之「關」，即滸墅關，編者附識。

第八章　天平山　支硎山　天池山

第八章　天平山　支硎山　天池山

（一）天平山

天平山在城西二十里，木瀆北五里，自閶門往，舟行約四小時。至西津橋登岸，或輿或步皆可。船金約四元，膳食在外。如乘車，人力車來回約一元六角，略加酒力。今景范路成，自木瀆往，似更便利也。

天平山巍然獨立於四山之中，羣峯拱揖若兒孫，山多奇石，皆瓌形異狀，可喜可愕，而尤以卓筆峯與飛來峯為著。

自北御道入山，初過橦梓門，俗稱「童子門」，門跨於兩山之間，自下而上，遠望之若一短隧道然。入門，又向下行，則豁然開朗，土地平曠，是已圍於萬山之中矣。向右山壁下，范文正公祖墓在焉，圍以石牆，其中古木森列，參天夭矯，蓋皆數百年前物。墓墳中葬文正公祖贈太師徐國公范夢齡、贈太師唐國公范贊時及贈太師周國公范塘，皆以文正顯貴，得蒙追封，故其地名三太師墳，亦名三讓原，又名范墳，此天平之所以又稱范墳也。

范氏三太師墳　王鏊

衰年不減登臨興，福地靈山搜欲罄；

城西諸峯吾所嘉，就中又愛天平勝；

亭亭一蓋依蒼冥，儼若端人人自敬；

獅山奔伏象山迥，支硎秦臺皆退聽；

橫山當面橫作屏，背擁蓮花互相映；

林林萬古相柱撐，倚插半天欹不定；

蹲如虎豹紛攫噬，騫如鵬鯨恣豪橫；

勇如武夫力贔屭，秀如女子色娟靚；

我來敬拜太師墳，松柏陰森趨一徑；

忽瞻萬笏森向天，直氣噴薄凜猶勁；

乃思范公立朝時，正色危言警邪佞；

茲山固合生茲人，崧嶽降賢尼孕聖；

吳山第一稱天平，宋家第一稱文正；

高風千古允作合，仰止巖巖續前詠。

　　於此平地之中，有亭一，曰接駕亭。亭北有荷花塘，名十景塘，塘上架以九曲橋，今已頹圮。塘北有臺曰梵經臺，其後有庵曰咒鉢庵，庵西為白雲寺。唐寶曆二年建，文正以先墓所在，奏為功德院，延僧法遠開山。清高宗南巡臨幸，賜「高義園」額。屋凡三進，隨山高下。園外荊樹二株，係百餘年物，范瑤刻「連理荊」三字以褒之。園內楓樹數十，秋時楓葉經霜，丹紅似火，頗可悅目，按此不特高義園為然，天平山滿山多楓樹，秋時登山，一望皆赤，故有「萬丈紅霞」之稱焉。園西山前，范文正公祠在焉，祠一名忠烈廟，內祀文正及其四子純

佑、純仁、純禮、純粹，又有三太師祠，祀范氏之祖。

范文正公忠烈廟　倪瓚

> 魏公祠宇青山麓，崖石從龍森古木；
>
> 山下居人幾世孫，泉導瓜綿分譜族；
>
> 太湖之水去悠悠，異代蒸嘗春復秋；
>
> 吁嗟濟世安邊計，今日誰先天下憂。

　　高義園西為登山大道，道口有門，上書「登天平路」四字，其後卽萬笏朝天。萬笏朝天者，蓋指天平山石而言，石筍森森，如屏如插，或蠹或挺，可喜可愕，不知其數。相傳形家言此本絕地，因石皆向下，而文正則葬其高祖柱國麗水縣丞隋於此，一夕，天忽大雷雨，翌晨視之，山石俱挺立，如萬笏之朝天然，故以為名。范隋墓側為天平山莊，明萬曆末參議范允臨建，清康熙間檢討范必英卽其地建參議祠，乾隆間范瑤等重葺。於是咒鉢庵、寤言室、聽鶯閣、芝房、魚樂國、來燕榭、繙經臺、宛轉橋諸勝盡復舊觀，更名賜山舊廬，蓋天平山范氏號為「賜山」焉。

　　萬笏朝天之前，有水出石隙，涓涓而流者，卽白雲泉也。泉經白居易題以絕句，范文正公繼之以大篇，而天平山遂大顯於世，泉在雲泉庵中，庵門上有「鉢盂泉」三字，蓋寺僧以竹管導泉，入一大石盂中，故又名「鉢盂泉」云。泉穴旁石壁上刻有「吳中第五泉」五字，是

泉線脈縈絡，下墜於沼，味極甘冽，旁有鉢盂亭，瀹泉
品茗最佳。

白雲泉　白居易

天平山上白雲泉，雲本無心水自閒；
何必奔衝山下去，更添波浪向人間。

白雲泉　范仲淹

靈泉在天半，狂波不能侵；
神蛟穴其中，渴虎不敢臨；
靜照涵秋碧，泓然一勺深；
游潤騰雲飛，散作三日霖；
大造豈無意，神化安可尋；
挹之如醍醐，盡得清涼心；
聞之異絲竹，不合哀樂音；
月明羣籟息，涓涓度前林；
子晉罷雲笙，伯牛收玉琴；
徘徊不欲去，復發滄浪吟；
乃云堯湯歲，盈盈長若今；
萬里江海源，千秋松桂陰；
茲焉若有價，北斗量黃金。

別有一泉，注出如線者，曰一線泉，宋僧壽老始發
之。有白樂天、蘇子美、王君玉、蔣希曾詩石刻，泉匯

而成池，畜魚其中，優游自適，為狀甚趣。

　自缽盂泉西，約行數十步，雙崖峭立，若合而通，仄僅容身，石磴削滑，嶮巇難行，是即龍門，俗名一線天。

天平山龍門　高啟

龍門何崢嶸，此地表奇跡；
山分兩崖青，天谽一罅白；
知非禹功鑿，想是鬼手擘；
長為風雨關，開闔自朝夕；
深含未吐雲，對峙不崩石；
日光寒易傾，苔色陰更積；
只疑過此內，別與人境隔；
始窺已幽深，漸入尤險窄；
暗中把危藤，蜿蜒欲驚魄；
僧留看古刻，敲火照絕壁；
晚間松聲號，胸若波浪激；
不知神魚飛，到此誰點額；
我嘗謁眞龍，天門謬通籍；
何必更區區，求為李膺客。

　越一線天，地多沙礫，過者滑足，且曲折升降，非攀巖拊石不可得而上焉。約行一里而至中白雲，有寺已衰圮，無居人。其側有峯一，高二丈，上銳下侈，微附

盤石。前臨崖谷者，即飛來峯也，又有五丈石，即在峯
之前。

飛來峯　高啟

> 風吹峨眉雲，來依此山住；
> 我來不敢登，只恐還飛去。

五丈石　高啟

> 勢危撐月墮，影瘦倚雲平；
> 彷彿華峯井，蓮花一半生。

中白雲寺之東，又有石屋，大小各一。大者三面壁
立，二大石覆之，內可容十人。小者覆以一石，可容六、
七人，皆石穴，空洞若屋。又有白雲洞，洞穴頗深，可
以遠眺。

自石屋盤旋而上，至上白雲，按天平山分下白雲、
中白雲及上白雲三段，入山至高義園一帶為「下白雲」，
自鉢盂泉至中白雲寺為「中白雲」，自此而上，至山巔
為「上白雲」。

上「上白雲」，路甚難行，惟一至山巔則又平坦
矣。有卓筆峯最為奇絕，峯高數丈，截然立雙石之上，
餘如屏如畫，或插或倚，倍極怪狀，有「蓮花洞」、「穿
山洞」、「臥龍峯」、「巾子峯」、「蟾蜍石」、「龍
頭石」、「鸚鵡石」、「靈龜石」、「釣魚石」等，皆

因好事者得名。

山巔平地為古遠公庵遺址，今稱望湖臺，於此可遠望太湖。上有圓石一，面向太湖，名照湖鏡。於此遠眺，四圍山嶺不斷，其東南為金山，西為秦臺山，稍北為寒山，又北為支硎山，俗名觀音山，皆以天平為主體。而支硎山亦為范文正公之產，今屬范氏義莊，當再述之。

登天平絕頂　王在東

> 登頓疑無路，中開一線天；
> 雲煙千嶂合，風雨百重泉；
> 鳥跡峯頭散，松根石罅穿；
> 平生愛邱壑，到此欲逃禪。

登上白雲最高頂　周熾昌

> 線徑躡虛上，長松雜沓開；
> 泉驅一澗走，雲卷萬峯來；
> 古佛眠深谷，殘碑蝕野苔；
> 無人繼高義，登覽足悲哀。

述天平諸勝竟，殿以范文正公事略，蓋以助游者景賢之思云爾。

范仲淹字希文，唐宰相履冰之後，其先邠州人也，後徙家江南，遂為蘇州吳縣人。少孤貧，讀書長白山僧寺，斷齏畫粥，刻苦自厲，登祥符八年進士第。晏殊薦

為祕閣校理，每激論天下事，奮不顧身。一時士大夫矯
厲尚風節，自仲淹倡之。仁宗朝與韓琦並登宰輔，經略
陝西，出將入相，為有宋一代名臣，終資政殿大學士，
年六十四卒，贈兵部尚書，諡「文正」。既葬，御書其
碑曰「褒賢之碑」，事跡具宋史。仲淹少有大志，自為
秀才時，即以天下為己任，每自誦曰，「先天下之憂而
憂，後天下之樂而樂」，故所至皆有治蹟。其自睦守移
蘇也，始修天平山祖墓，建郡學以教士子，後又置義田
里中，以贍族人，義莊在城中范莊前。

（二）支硎山

支硎山俗稱觀音山，在天平山北，離城二十五里，
游天平山後可折往，如自城雇舟去，則沿胥塘、橫塘、
楓塘、觀音山港，直至山下。

支硎山晉高僧支遁嘗憩遊其上，山多平石，平石為
硎，故因支遁以支硎為號，又名臨硎，即左思吳都賦所
云「左稱彎碕，右號臨硎」者是也。梁武帝曾於山上建
報恩寺，因之山又名「報恩山」。寺於宋再建，更名「觀
音院」，故山又俗稱觀音山，山今屬范氏義莊。

山分北峯、中峯、南峯。中峯觀音寺在焉，游山必
游觀音寺，因近寺多古蹟，今先言寺。

寺建於梁天監中，宋乾德間再建，曰「觀音院」，
亦名「楞伽院」。明洪武初歸白雲寺，清康熙時重修，
並書「寒泉書院」。高宗六次臨幸，嘗御賜聯額，故是

寺亦吳中古剎之一也。

報恩寺　白居易

> 好是清涼地，都無繫絆身；
> 晚晴宜野寺，秋景屬閒人；
> 淨石可敷坐，寒泉可濯巾；
> 自慚衰鬢上，猶帶郡庭塵。

報恩寺　劉禹錫

> 雲外支硎寺，名聲敵虎邱；
> 石文留馬跡，峯勢聳牛頭；
> 泉眼潛通海，松門頂帶秋；
> 遲迴好風景，王謝舊曾遊。

　　按白詩所云「寒泉」及劉詩所云「馬跡石」，俱詳後。至劉詩所云「牛頭峯」，卽牛首山也，編者附識。

宿報恩寺水閣　皮日休

> 寺鏁雙峯寂不開，幽人中夜獨裵回；
> 池文帶片鋪金箪，蓮朵含風動玉杯；
> 往往竹梢搖翡翠，時時杉子擲莓苔；
> 可憐此際誰曾見，唯有支公盡看來。

　　入寺，有石幢，為清鏨道人所建，初為西王母殿，

中殿祀釋迦佛、藥師佛及阿彌陀佛，旁祀十八羅漢，東西祀五百羅漢。殿後為觀音殿，佛像千手千眼。觀音殿後為地藏殿，此皆與諸僧寺大同而小異者也。右殿有一佛幢，頗高大，其下甃磚成阬，中立巨柱，可推之轉旋，而幢上諸佛菩薩像亦隨之而轉，是名轉藏殿，為他剎所無者也。轉幢者須納香資，謂可治頭目暈眩之疾云。此外寺中尚有南來堂、水明樓、寶月堂諸勝，南來堂者，蓋寺復興於明萬曆間，蒼雪禪師自雲南駐錫於此所建者也。

中峯古蹟，有石室、寒泉，皆在寺內，支公詩云：「石室可蔽身，寒泉濯溫手」，石室相傳支公冬居於此。寒泉在寺左，泉流琤琮，若鳴琴筑，掬而飲之，涼沁心肺焉。其旁巨石上鐫宋紫巖居士虞廷文書「寒泉」二字，字徑丈許，又有近人大圓居士書「支硎道場」四字及李印泉根源題字。

中峯稍西，有鶴飲泉、唱獅窩、馬跡石，馬跡石石質如土，上有馬跡，大於虎跡。又西南，有放鶴亭在中南兩峯間，支公性好鶴，嘗鎩羽畜之，視有懊喪意。公曰，既有凌霄之姿，何肯為人作耳目近翫。養令翮成，使飛去。故泉亭皆其遺蹟。支公又好養馬，或言道人畜馬不韻。公曰，貧道重其神駿耳，故石亦其遺蹟也。又有白馬礀，亦以公得名。

馬跡石　范成大

> 跨馬凌空亦快哉，龍腰馬背漫徘徊；
> 游人欲識仙蹤處，但覓蒼崖白塔來。

放鶴亭　范成大

> 石門關外古亭基，樹老藤枯野徑微；
> 放鶴道人今不見，故應人與鶴俱飛。

「石門關」見後，編者附識。

寺西有觀音洞，內供觀音像，其東有范文正公祠。

北峯在山北，多石壁，為支公蛻骨處。舊有北峯院，今廢。

南峯以南池著名，舊有南峯寺，今廢。寺內有鐵杖、鐵燈籠之屬，皆支公遺物。寺旁為待月嶺，嶺下有碧琳泉、馬坡、硎石諸景。馬坡南有石門，在山峯右腋，石三，屹立如門，故名。

（三）天池山

天池山在支硎山後，距閶門約三十里，驢馬直達。舟楫至白馬硎鎮上岸，再步行或輿行約十里。

天池山又名華山，山半有池，橫浸山腹，故名天池。至華山之名，則由來亦已久。老子枕中記云：「吳西界有華山，可以度難」。吳地記云：「吳縣華山，晉太康二年生千葉蓮花，故名」。是山與天平、靈巖連屬，六

朝始顯，宋光祿大夫張裕嘗隱其下。蓮子峯為絕頂，背有支公洞。宋紹興中張廷傑嘗隱此，故又名就隱山。

距白馬澗鎮約十里，越賀九嶺，羣山環抱，風景殊佳，有巨碑刻「天養人」三字。過明毛都憲祠墓，至寂鑑庵，毛墓乃明成化中毛珵父子結屋讀書處也。

寂鑑庵俗稱天池庵，庵本為劉宋時會稽太守張裕宅，趙宋乾道間為祕書監張廷傑別墅，造像立寺。元至正中僧道在重建，名天池寂鑑庵。明弘治中僧惠普重建，名華山天池院。庵有敞廳，可供游眺，石鼓峯、金蟾峯、東西屹峙。石鼓峯上有石鼓，相傳鳴則有兵。蓮花峯則為天池山絕頂，即生千葉蓮花處也。寺庭有金銀二桂樹，花時繁英簇綴，香飄寺外。庾信賦云：「小山則叢桂留人」。可移以詠之焉。

庵以晉支遁在此修道二十餘年，元至正間天目山中峯國師慕是山清奇，亦曾於此卓錫談道，故遺跡甚多。而「鐵箍躍出瑠璃井，錫杖挑起第一峯」，其尤著者也。

寺西，泉有鉢盂泉，上蓋石亭，泉水甘冽，猶天平山之白雲泉也。東有盈盈泉、地雷泉，前有寒枯泉、清心泉，此皆在寺內者。清心泉尤大，廣三、四丈。寺外，石有比丘石、三摩石。三摩石前，天池石後，有石屋二。四壁皆鑿浮屠像，石佛之大者有二，高約丈許。

天池石與比丘石之前，有池橫浸山腰，逾數十丈者，即天池也。池與石屋，經宋張廷傑搜奇剔勝，其名始著。池中有石屹立，名小孃石。池西有彩雲亭，天池石後有

望月亭，亭後為秀屏鳥道，石壁鑴有明趙宧光書「華山鳥道」四字。秀屏以山崖如屏得名，即秀屏崖也。

自寂鑑庵經礧礫、桃花澗，折而左，可至佛手印峯，峯以形似得名。道旁有石幢，高約丈許，鑴陀羅尼經，人呼為「梵字塔」。於此左望，可見山上石觀音寺，寺左有藏軍洞，相傳梁武帝嘗儲軍實於此。洞上又有洞，名蒼玉洞，皆是山山景之至險至奇者也。

庵東峯巒層疊，初為石鼓峯。峯上為石虎跑峯，有虎跑泉。再上為石牛嶺峯，石牛嶺峯而上，即登天池山絕頂。蓮花峯在焉，峯又名「吳中第一峯」，上有巨石二，遠望若蓮花然。

天池山南，蓮花峯下，有華山寺，亦為支遁棲隱之所。上有支公洞，云係支公藏衣冠處，有晉永和六年題石。是寺元明始顯，蒼雪繼之，大修殿宇。清康熙二十八年春，聖祖南巡，駐蹕蘇州，思遊華山，以雨未果，因題「清遠」二字。越十年夏，又南巡，留寺十餘日，不忍去，遂書「翠巖寺」額以賜，故寺又名翠巖寺。有五十三參、天仙洞、蓮花梗，皆當時翠華臨幸時，命石工鑿險通幽，以直達寂鑑庵者也。高宗二次南巡，亦曾駐蹕於寺，寺中有獨木御座，云係高宗巡幸時物。又有天然接引石佛一，高三丈六尺許。

按天池山在萬山之中，沓障迴環，紅塵不到，洵吳山絕景。寂鑑庵僧招待殷勤，如欲飽遊，則可於寺中下榻。

華山道中　范成大

過午層陰未肯開，暖寒村店竹篦灰；

蕭蕭林響棠梨戰，晚恐陽山有雨來。

第九章　甪直唐塑

第九章　甪直唐塑

　　甪直鎮東距蘇城約五十餘里，接崑山縣界，小輪民船皆可達。

　　甪直鎮一名甫里鎮，唐陸龜蒙居此。鎮有保聖寺，小學設其內，唐塑羅漢在焉，像為唐雕塑聖手楊惠之所作，甫里志云：「大雄殿內供有釋迦牟尼，旁列羅漢十八尊，為聖手楊惠之所摹，神光閃耀，形貌如生。誠得塑中三昧，江南北諸寺所不能及」。

　　吳縣志及崑邑志亦俱言像係楊塑，此唐塑之名所由來也。

　　楊惠之，唐開元時人，初與吳道子同習畫，師張僧繇，巧藝並著，而道子聲名獨顯。惠之乃焚筆硯，專攻雕塑，遂名重一時，與道子相伯仲，所謂「道子畫，惠之塑，奪得僧繇神筆路」，當時已為人推重如是。相傳惠之在京兆時，嘗塑名倡留盃亭像，置於通衢，路人見之，竟有欲與塑像通款曲者。惠之不但工塑像，且工塑壁，與吳道子相抗衡。壁上山水雲煙，竟可奪眞。

　　保聖寺由香火橋而進，約行百餘步，卽達寺門，門上有「輔揚顯祕」四字，門右側有小石塔一。再前行，為過風亭，折而左為光明殿，惠之遺塑羅漢五尊卽設於此，茲分述之。

　　正中一尊瞑目定坐，高四尺，以御龍袍，故邑人呼

之為梁武帝，或云卽達摩。

後面右邊一尊高四尺五寸，顬圓、頰大、眉長、目巨、鼻隆、口闊、耳肥、頸粗，宛然一天竺人也，左手不可見，右手按膝，食指微翹，手背上筋脈隱約可見，屈左足而坐，右足大番鞋猶未壞損，是像神情極自然，的是神品，為塑像中之最。

後面中間一尊高四尺，屈雙膝而坐，道貌溫和，眉目上斜，右手緊握，左手伸置膝上。

稍左一尊高三尺八寸，面作獰笑，張口若欲向人語者，神情栩栩如生，右手仰舉，指略斷損。

最左一尊高三尺七寸，眉目清朗，作俯視狀，神情亦佳。

惠之遺塑之存於保聖寺者僅此，據日本東京美術學校教授大村西崖氏謂「此五羅漢尚存有崇禎時所補修之色彩，其技術之精，卽其狀貌衣褶，較之南宋羅漢專門畫名手西金居士之作，實亦未遑多讓」云。五像周圍，碎土累累，皆塑壁殘塊也。

甪直唐塑初不為邑人所重，迨民國七年里人顧頡剛始發見之，始得保存，嗣為日人大村教授所知，因語之東京美術學校校長正木氏，氏乃復為教授與外務省文化事業部長岡部子爵謀，遂由該部給以膏秣之資，令大村氏出國，作甪直之遊。氏至甪直，居寺五日，攝影二十八輻，挾以回國，著吳郡奇蹟塑壁殘影一書，洋洋萬言，考據精詳，抱殘守闕，有足多焉。

至鎮上古蹟，則亦有可得而附言者，今就現存者述之。

清風亭：

在白蓮寺西，為陸龜蒙別業，中有八景：一、清風亭。二、光明閣。三、杞菊畦。四、雙竹堤。五、桂子軒。六、鬪鴨池。七、垂虹橋。八、鬪鴨闌。

鏡　石：

石沃以水，毫髮皆映，如鏡然，略有損痕，現由甫里小學保存。

第六泉：

在千畝潭北。

張林山：

土阜二，高約二十丈，矗立鎮南約二、三里，隱約可望。

梅花墅：

此為甫里八景之一，在甫里交界路西，湮沒已久，現已夷為桑圃。其東有小塔，凡七層，尚完好。

魯望祠：

在甫里小學後，中祀陸龜蒙。

魯望先生墓：

在甫里白蓮寺後。

第十章　勝遊志餘

第十章　勝遊志餘

　　勝遊志餘者，補以前各章之所未備也。誠以吳中園林山水，伽藍津梁，城郊錯列，有若棋星，縷述既限於篇幅，因擇要志之，取舍標的，以適於能游眺者為限。若夫蹟沒名存，荒廢雜稽，與夫門設常局，欲入不得者，則俱從略，藉免詞費。漏萬之譏，固不能免，修輯增訂，企待再版。

雙塔：蘇州城中今存四塔，北寺塔峙於北，瑞光塔位於南，而雙塔則駢立於城之東南隅，其地名定慧寺巷，又名雙塔寺前。塔係宋建，高七級，東西對峙。清乾隆間東塔相輪毀，道光元年重修，後遭洪楊之刼被燬，至今未加修葺。塔旁今設小學，卽名雙塔小學。

鐘樓：鐘樓在葑門內鐘樓頭，狀亦如塔，其形四方，高凡五層，為清初彭氏所建之文星閣，鐘樓係俗稱也。蘇人以雙塔為筆，鐘樓為墨。

藝圃：藝圃為文徵明故宅，今為綢緞業所得，改稱七襄公所，在閶門內寶林寺東文衙里，內有博雅堂、荷花廳、紅鵝館、乳魚亭、聽雨雙聲室諸構。假山亦堆砌玲瓏，池荷自湘南移植來此，頗名貴。入遊須酌給閣人酬資。

準提庵：杜牧詩云：「南朝四百八十寺，多少樓臺煙雨中」。江南寺院之盛，可以想見。以蘇州城內言，貝宇伽藍，數殆百餘，其最古者，自推東、南、西、北四大禪寺，而今特舉準提庵者，則以是庵為明解元唐寅之桃花庵也。唐字子畏，一字伯虎，別號六如居士，詩書畫稱三絕。其風流文采，至今蘇人猶樂道之。

庵在城內桃花塢廖家巷內，明天啟時楊大瀠奉準提像於此，遂名準提庵，浚池並得唐寅桃花庵歌石刻及祝允明題額，因奉唐、祝及文徵明像於庵中。唐歌附後：

桃花塢裏桃花庵，桃花庵裏桃花仙；
桃花仙人種桃樹，桃花一開十萬八千年。

庵北有唐寅「瘞文塚」，蓋唐於晚年悔其少時所作，而瘞之於此，并戲表其塚曰「此即唐六如之墓」。按唐墓今在城外橫塘王家村。

培德堂：堂在閶門城外白蓮橋浜，牡丹甚盛，宜於春遊。
荷花塘：塘在葑門外黃天蕩之南，夏時荷花綿亙數里，花開如錦，香沁心肺，宜乘舟往游。
寶帶橋：橋在葑門外南約六里，陸通人力車，水通舟楫，橋跨運河及澹臺湖上，長一千二百二十五尺，

環洞五十三，而高其中之三以通巨艦。河為東南要道，風濤衝激，不利舟楫，因建此橋。唐御史王仲舒鬻所束寶帶以助工費，因名。歷元迄清，重建數次，今為同治十一年工程局所修復者。民國二十二年因築蘇嘉路長途汽車路，特另建一橋，名新寶帶橋。

　按寶帶橋為江南著名大橋，歷代多有吟詠，「生憎寶帶橋頭水，半入吳江半太湖」，此薛氏竹枝詞之膾炙人口者。茲舉明王寵詩一首如左：

寶帶橋　　王寵

　　　　春水桃花色，星橋寶帶名；
　　　　鯨吞山島動，虹臥五湖平；
　　　　表裏關形壯，東南海勢傾；
　　　　當知題柱者，猶是一書生。

澹臺湖：史記澹臺滅明傳云：「南游至江」。注云：「今吳國東南有澹臺湖，即其遺蹟所在」。吳地記云：「湖在吳縣東南十里，澹臺子羽宅陷為湖，湖側有墳」。上說雖各異，然其言及孔子弟子則一。湖甚廣，西通太湖，東接運河，寶帶橋雄跨其上，登橋俯視，雖無波濤澎湃之觀，而湖水澄清如鏡，亦足以一滌俗塵焉。

石湖：湖在盤門外西南十里，上方山西麓，界蘇州吳江
間，諸峯映帶，風景絕勝。南北長九里，東西廣
四里，周二十五里，乃太湖支源，范蠡所經入五
湖者，舟楫可直達。

湖東有越來溪，相傳越侵吳，自此溪入，因名。上
有越城橋，俗名行春橋，右接九孔橋，又名九環洞橋。
陰歷八月十八日有「串月」盛事。

昔宋范成大晚歲嘗因闔閭所築越來溪故城基，隨地
勢高下而為亭榭，別築農圃堂，對楞伽山，臨石湖。因
孝宗嘗御賜「石湖」二字，故公又號石湖。又有北山堂、
千巖觀、天鏡閣、壽樂堂。他亭宇尤多，見齊東野語，
今范文穆公祠卽其故址也，御書石刻猶存。

湖中有平地，水淺則見，相傳為范成大所築湖心亭
廢基。湖畔有海潮寺，中有觀音像，為巨石鑱成，因之
俗又稱是寺曰「石佛寺」。又有小築，為蘇州書家余覺
別業。

初歸石湖　范成大

曉霧朝暾紺碧烘，橫塘西岸越城東；
行人半出桃花上，宿鷺孤明菱葉中；
信脚自能知舊路，驚心時復認鄰翁；
當時手種斜橋柳，無限鳴蜩翠掃空。

上方山： 山一名楞伽山，又名治平山，其巔有浮圖，在
　　　　石湖西岸，自城至山約十四里。附近有茶磨嶼，
　　　　為入山孔道，山東麓有石湖書院，為宋范成大
　　　　讀書處。山有寺二，一名治平寺，舊名楞伽
　　　　寺，宋治平元年改今名；一名上方寺，隋大業
　　　　四年郡守李顯建塔七級，高據山巔。清高宗南
　　　　巡，嘗臨幸賜聯額。寺有五通神祠，供奉五聖，
　　　　相傳五通為五兄弟，能為人祟，舊俗每年八月
　　　　十七、十八兩日，香汛甚盛。清康熙二十四年
　　　　湯斌來撫蘇，即將祠宇付之一炬，投其像於太
　　　　湖中，但日久禁令稍弛，則無知愚民復塑像敬
　　　　奉如昔。五通神能為妖邪之說，固荒誕不經，
　　　　然觀湯斌奏毀五通淫祠疏，則知妖由人興之有
　　　　徵矣。摘錄於左，以見一斑。

　　　　疏略云：「蘇州府城西四十里有楞伽山，俗名上方
山，為五通所據幾數百年，遠近之人奔走如鶩，牲牢酒
醴之饗，歌舞笙簧之聲，晝夜喧闐，男女雜遝，經年無
時間歇，歲費金錢，何止數十百萬。商賈市肆之人謂稱
貸於神，可以致富，借值還債，神報必豐。里諺謂其山
曰「肉山」，其下石湖曰「酒海」。耗民財，蕩民志，
此為最甚。更可恨者，凡少年婦女有殊色者，偶有寒熱
之症，必曰五通將娶為婦，而其婦女亦恍惚夢與神通，
往往羸瘵而死，家人不以為哀，反豔稱之。每歲常至

數十家，視河伯娶婦之說更甚矣。臣多方禁之，其風稍息。因臣以勘災至淮，益肆猖獗，臣遂收取妖像、木偶者付之烈炬，土偶者投之深淵，撤其材木，備修學宮。數月之後，見無他異，民始大悟昔日之非。請賜特旨嚴禁，勒石山巔，有敢興復淫祠者治罪，裨益世道，非渺小矣」。

穹窿山： 山距城西南約四十里，在木瀆西十五里，乘車至善人橋，再雇山轎至山，轎資約一元餘。蘇福班小輪至光福，經此亦暫泊，故往遊尚便。

　　山相傳古仙人赤松子采取赤石脂於此，山頂方廣可百畝，有煉丹臺、昇仙臺，皆赤松子遺跡。半山山徑旁，有巨石一，泉流淙淙，水注其上成二穴，相傳為茅君禮斗所留膝印，因名是石曰膝印石，其泉曰雙膝泉。其峯曰三茅峯，峯狀如浮笠，俗因呼為「箬帽峯」。上有龕，疊石為之，名國師龕，或云張良從赤松子遊處。三茅峯為穹窿絕頂，上有上眞觀，羽流居之。觀建於漢平帝時，宋天禧間改今名，清順治七年法師施道淵重興，廣葺殿堂，規橅宏整，遂成巨構。聖祖南巡臨幸，賜「餐霞挹翠」匾額。道光間重修，殿宇森嚴，曲折隨山高下，約千餘間。外望甍檐，層層插雲，為蘇州道觀之最。春秋二季，進香者甚夥。
　　至三茅峯之得名，則峯以人著也。三茅者，漢茅盈

及其弟固與衷也，盈即茅君，少秉異操，獨味清虛，年十八，棄家入恆山修道，後隱江蘇句容縣東南句曲山，即茅山。其二弟亦棄官訪兄，咸得仙去。今城中三茅觀巷有三茅觀，即祀茅君弟兄也。

穹窿山佛寺以茅蓬為最古。在三茅峯下，自上真觀南下約二里，寺在白馬隖，為山隖最奧處，舊名福臻禪院，今亦名穹窿禪寺，建於梁天監中。清高宗嘗二次臨幸。其地相傳為漢朱買臣故宅，東嶺下有買臣讀書遺蹟。臺為盤石，高廣丈許。

遊茅蓬　沈德潛

茅蓬結空巖，已及萬仞半；
直上無鉤梯，疑是連雲棧；
左右圍青崖，如缺環一面；
其前湧太湖，萬頃流汗漫；
境荒鳥不巢，磴隨樵或斷；
山僧熟道機，邀我話公案。

穹窿山北麓有甯邦寺，宋紹興中韓世忠部將戰還，薙髮隱此學禪，賜名甯邦禪院。寺後有百丈泉，周約三丈，深僅沒脛。寺觀飲水俱取汲於此，清冽不竭。

按晉楊泉五湖賦云：「穹窿紆曲」。蓋此山實峻而深，形如釵股，郡之鎮也，故亦為蘇州名山之一。

登穹窿山　吳寬

我聞吳中諺，陽山高抵穹窿半，壯哉拔地五千仞。
始羨吳中有寺觀，銅阮、鄧尉作屏辰，天平、靈巖
當几案，其間法華與雅宜，水邊橫互如長岸。何人
著山經，宜作吳山冠，但嫌地勢高，山家每憂旱。
舟行半日青已了，卻被濃雲忽遮斷，水迴路轉二三
里，依舊諸峯青歷亂。人云山頂百畝平，合結茅廬
倚霄漢，龍門勝跡未遑遊，坐向船頭先飽看。

太湖：湖距城西南三十餘里，襟帶蘇、湖、常三州，為
中國最大湖澤，東西二百里，南北百二十里，周
五百里，廣三萬六千頃，水天一片，濁浪山高，
魚龍漫衍，蜃樓隱現，而七十二峯沈浸其間，允
稱大觀。

　　湖一名震澤，書經禹貢所謂「震澤底定」是也，又
名具區。周禮職方「揚州之藪曰具區」，山海經「浮玉
之山北望具區」是也。又曰笠澤，左傳「越伐吳。吳子
禦之笠澤」是也。又曰五湖，范蠡乘舟入五湖中，太史
公上姑蘇臺望五湖是也，或云五湖者，菱湖、莫湖、胥
湖、游湖、貢湖也。

　　登鄧尉、穹窿、洞庭諸山，可遠眺太湖，游西洞庭
則必渡湖焉。

望太湖　蘇舜欽

> 杳杳波濤閱古今，四邊無際莫知深；
> 潤通曉月為清露，氣入霜天作暝陰；
> 笠澤鱸肥人膾玉，洞庭柑熟客分金；
> 風煙觸目相招引，聊為停橈一楚吟。

東洞庭山：一名胥母，又名莫釐，相傳隋時莫釐將軍居此，故名。山突入太湖中，狀如半島，距胥門西南偏南約八十里，日有小汽輪駛往，約五小時可達。由東山市後登山，約四里至茅峯禪院，更里許至棲雲亭，更約二里至莫釐峯，俗呼為「大夫頂」。頂上有慈雲庵，自庵後更登丈許之坡，則達莫釐絕頂矣。由棲雲亭東下，至雨花禪院，亦稱「雨花臺」。有葉姓小築，結構軒敞，翦取太湖一角，亦佳境也。

越山而北約三里，至古雪禪院，亦稱「古雪居」。占地深幽，為翠峯寺故址，院前為枕流閣。

出院過紫泉洞，南上里許，得一亭，亭壁有嵌石，題曰印心書屋。

山有泉五，曰海眼泉，在豐圻嶺。頂有三穴如人目，冬夏涓涓，深不可測。曰柳毅泉，在社下里，不盈不涸。曰靈源泉，在碧螺峯下。曰青白池，在棲雲亭西法海寺

故址，一青一白。曰悟道泉，在翠峯寺別院天衣禪院。

按太湖七十二峯之在湖東者，計十有七，而以莫釐山為最高，山周五十餘里，距洞庭山十八里，故今稱是山為洞庭東山。

莫釐峯　吳偉業

> 始信一生誤，未來天際看；
> 亂峯經數轉，遠水忽千盤；
> 獨立久方定，孤懷驟已寬；
> 亦知歸徑晚，老續此游難。

西洞庭山：山在太湖中，距城九十里，若自東洞庭山之渡水橋以船渡往，約十里，或自木瀆鎮乘小輪至鎮夏鎮登陸。

山四面環水，狀如島嶼，原名包山，以四面皆水包之，故名，或謂包公嘗居之。包公者，句容鮑靚也，俗遂呼「鮑」為「包」。一名林屋山，以山有林屋洞也，亦曰洞庭山，以有洞山、庭山也，山高七十丈。

自東山渡水橋登船，路經楊灣、彭灣，約三小時，舟泊於石公山，山在鎮夏南十五里，一峯陡入湖中，洞庭山之奇者也。南行過石門，石崖漸聳，高四、五丈，下陷為洞，洞頂有摩崖，曰歸雲洞。其東為翠屏軒，小樓一角，可眺全湖之勝。軒右拾級上升，有石方正，名

曰礪巖。其上為來鶴亭，南有寂光洞，洞旁為一線天，長十餘丈，左右石壁，天光一線，山前二石，對峙水際，謂之「石公」、「石婆」。洞口北側一石上刊有「石公」二字，又有劍樓、雲梯、石板、石琴、石梁、聯雲嶂、落照臺、蟠龍洞、龍牀石諸勝。清季里人張鏞生長西山，有詩詠石公山之勝。今附後。

石公山　張鏞
> 方城奇崛闢鴻濛，有客探奇上碧峯；
> 天削劍樓光一線，地回槎石水千重；
> 霞飛遠浦隨歸艇，潮到空山出晚鐘；
> 坐久不知山路杳，攜筇猶步月明中。

縹緲峯為西山之至高者，自石公山折而南行，約里餘直登其巔，泱乎漭乎，身在蓬瀛之上矣。憑高下睇，疊巒點點若聚墨，而羅峙四周，若弁山、峴山、道場山在西之南，則箬溪苕霅諸山也。若銅官、離墨在其西，則荊溪山也。夫椒在西之北，則晉陵山也。若惠山、錫山在直北，則梁溪諸山也。

縹緲峯　吳偉業
> 茲峯非云高，高與眾山別；
> 其下多嵌空，天風吹不折；
> 插根虛無際，縹緲為險絕；

細徑緣山腰，人聲來木末；

籃輿雜徒步，佳處欣屢歇；

躋嶺路倍艱，往往攬垂葛；

灝氣凌沈寥，一身若冰雪；

輕心出天地，羽翮生髮髻；

杖底撥殘雲，了了見吳越；

曜靈燭滄浪，滉漾金光發；

陰霞互已變，慘澹玄雲結；

歸筇破暝靄，半嶺值虹蜺；

始知清境杳，跡共人鳥滅；

丹砂定可求，苦為妻子奪；

看君衣上雲，飛過松間月。

　　過石門半里許，距鎮夏鎮五里，包山寺在焉。寺建於梁大同二年，名福願寺。唐上元九年改為包山寺，高宗賜名顯慶寺，後復稱包山寺。寺前徑隧深窈，松柏櫻桃楊梅之屬，相錯晝崿，四山環合，寺若倚屏張幄而坐，目以「包山」，洵名副其實。而鳥鳴枝頭，泉流石隙，令人塵慮之心俱消焉。

　　距寺不遠，至林屋洞，在一小山之麓，洞門西向，門壁題曰「林屋洞天」，又曰「天下第九洞天」。其上有篆書摩崖，曰「靈威丈人得大禹素書處」，出俞曲園樾手筆。按吳地記云：「昔闔閭使令威丈人尋洞內，石几上有素書三卷，持回不識，乃請孔子辯之。孔子曰，

此夏禹之書，並神仙之事，言大道也」。故俞題如此。今洞內常為積水所淹，其內沈冥，莫知底蘊，洞外亂石，如犀象牛羊起伏蹲臥者曰齊物觀。東北高起千尺，蒼然壁立者曰曲巖。

山有泉十，曰無礙泉，在水月隖，泉本以「水月」名，以宋無礙居士李彌大得名。曰毛公泉，為毛公鍊丹井，在毛公壇下。曰石板泉，在天王寺北。曰石井泉，在嚴家山下。曰鹿飲泉，在下方塢。曰惠泉，在法華寺旁。曰軍阬泉，在銅阬西，相傳闔閭駐兵山中，曾飲此泉。曰烏砂泉，在龍山下，以水底有烏砂故。曰黃公泉，在徐聖隖，漢夏黃公嘗隱於此。曰華山泉，在華山寺旁。有泉穴三，靈泉、蒙泉、鑑泉。

西洞庭居民多種果木，以枇杷、楊梅為著，所產茶名碧螺春，則又今昔馳名者也。

按洞庭山素稱靈秀，遙望若島嶼然。入其中則重岡複嶺，茂林平疇，處處足引人入勝。唐房琯嘗云：「不游興德、洞庭，未見山水」。洵非虛語。惟因一需渡湖，二需陟山，故探勝而能深入遍歷者少。如上所述，亦僅舉其最著者言之而已。

青陽地：蘇州開埠通商於清光緒二十一年，訂定於中日馬關條約第六欵，二十三年乃勘定盤門外相王廟對岸青陽地一帶至運糧河止為日本暨泰西各國租界。各國租界位於東，日本租界位於中，

自日租界至西吉水橋止，則為中國自闢商埠，
當時名為「商務公司地界」。

第十一章　起居飲食與娛樂

第十一章　起居飲食與娛樂

（一）起居

　　蘇州逆旅，初僅薈萃於閶門城外馬路一帶，則以其地密邇車站輪埠，旅客上下甚便焉。近自添闢金門後，城中幹路，若景德路、東西中市、護龍街、觀前街已相繼拓寬，車馬可以直進。而熱鬧市廛遂集中於觀前，故觀前逆旅亦遂如雨後春筍，紛紛設立矣。

　　以言逆旅，可分上中下三等。上等者或稱飯店，或稱大旅社，類皆資本雄厚，設備周密，裝飾喬皇；中等者設備亦大致齊全，性好儉約者恆喜寄寓之；下等者即所謂小客棧，極簡陋。

　　飯店旅社，城內外林立，難以列舉。總之較大旅社，皆招待周至，房間之中，舉凡旅客所需用具若筆、墨、信牋封、毛刷等無不備，不必按鈴時索。故寓居其中，大有賓至如歸之樂，此為蘇州旅館之特色。

（二）飲食

一、　**菜館**：蘇州菜館有京菜館、徽菜館、粵菜館、西菜館、鎮江菜館、教門菜館、本地菜館等別。而小飯館尤多，菜多家常風味。

　　　　菜館多不勝述，旅客儘可擇其較大者果腹。言其著者，則有觀前街之本地菜館松鶴樓、徽館老丹鳳

樓、粵菜館廣州食品公司、西菜館沙利文等。至若
崇信回教人士，則可就食於教門菜館，閶門外有申
源樓，烹調甚佳。此種菜館，市招上皆標明「清
眞」二字，業是者多南京人，皆崇信回教。教規禁
食豬肉，故往就食者，亦不得攜豬肉入門也。

二、　**酒館**：蘇州酒館，類皆紹興人所經營，若金瑞興、
章東明、言茂源等，熱鬧市廛俱有開設。卽以觀前
一帶言，若宮巷有元大昌、同福和，太監弄有全城
源，大成坊巷有城中酒家等等，入晚買醉客常滿。

三、　**點心**：蘇州點心，向極精美。喜麵食者可至麵館，
嗜粉食者可至糕糰鋪。觀前街振興館各種湯麵最著
名，松鶴樓、老丹鳳樓等亦佳。夏秋之際，松鶴樓
有滷鴨麵，老丹鳳樓有蝦蟹麵，尤為一時妙品。粉
食則以觀前街之黃天源為最精，此外各種點心店附
近於觀前者甚多。欲果腹者，可便往選食，廣州食
品公司亦有各種細點。

四、　**茶館**：蘇州茶館林立，清晨午後，藉茶館為消遣與
夫約友聚談者甚眾，故茶座常滿焉。其最著者自推
觀前太監弄之吳苑深處，布置極佳；汪瑞裕位於觀
前大街，屋凡三層，下層售茶業，二、三兩層則可
品茗，座位亦甚舒適。此外多不勝述。

五、　**著名熟食**：此限於不必再加烹食者而言。
　　　醬雞醬鴨：觀前龍鳳齋、馬詠齋所售者，味較甜，
常熟風味也，四時有之，可以佐酒。

滷鴨：觀前松鶴樓特製，僅夏秋之季有之，亦可佐酒下粥。

醬汁肉：蘇州陸稿荐、三珍齋二肉鋪以善製醬鴨醬蹄著名，此二者固四時皆有之。又有名「醬汁肉」者，上市大抵在清明前後至中秋節後而止，購以塊計。其味佳處，在肥者爛若羊羔，瘦者嫩若雞片，佐飯下酒，無不相宜，此肉為他處所無。

湖葱野鴨：觀前葉受和、稻香村等以及各野味肆俱有出售，味香而酥，下酒佐粥佳品，冬時有之。

蝦子鯗：鯗上敷以蝦子，燻熟飲之，味鮮可口，亦佐酒下粥妙品，夏秋之時有之。

水炒瓜子：此類瓜子與他處異，肉厚殼薄，既炒之後，肉甚潔白，香而且脆，其名有玫瑰瓜子、桂花瓜子、甘草瓜子、鹽水瓜子四種。蘇州各種果肆俱有出售，而尤以采芝齋、葉受和、稻香村、悅采芳、東祿、采芝春、采芝香等各大鋪所售者為佳。

蜜餞茶食：蘇人嗜甜，故各種蜜餞茶食，夙名聞遐邇，前清列為貢品，由臨頓路野荸薺承辦，今則推稻香村、葉受和、東祿等肆。

六、　**其他名產**：此可分油類、植物類、鱗介類三者言之。

油類 有蝦子醬油與蕈油，俱為蘇州名產，蝦子醬油者，於夏五、六月間，取新鮮蝦子與上等醬油同煎，收貯瓶器中，凡雞肉等味之白賣者，取此種醬油少許，蘸而食之，鮮美直無倫比，各大醬園常有

出售，惟不及自煎之美。蕈油者，蘇州靈巖山一帶，產一種松花蕈，名曰塘蕈。七、八月間為此蕈上市時，不論葷炒素炒，味皆鮮美。如取鮮蕈用好醬油與菜油同煎之，名曰蕈油，善藏之可經數月之久，為佐粥漉麵上品。

植物類 若西洞庭山之碧螺春，色香味俱佳，為茗中上品。又有白楊梅與白沙枇杷，亦產自洞庭。此外光福窰上鎮亦產枇杷，即所謂「窰上枇杷」也。黃天蕩產鮮藕與雞豆，名曰「南蕩鮮藕」、「南蕩雞豆」。太湖產蓴，昔張翰因西風起，憶及故鄉吳中蓴羹，即解組歸隱，蓴菜之名，因是以著。虎邱花圃產玳玳花、茉莉花、玫瑰花，光福天井產木樨花，玳玳可以浸酒，茉莉可以窨茶，玫瑰、木樨不第可以浸酒，且可和糖製成玫瑰醬、木樨醬，味香而甘，不亞於歐西各種果子醬焉。除此而外，玫瑰木樨并可為各種物品香料。

鱗介類 以陽城湖蟹為最著，陽城湖俗名洋澄湖，湖產蟹，瓜作金色，背殼作青黑色，俗名「鐵鏽蟹」。秋時上市，煠之肉肥味鮮，他處所產者俱不及也。

（三）娛樂

蘇州娛樂場所，有戲院、影戲院，俱設於觀前北局。又有書場，均附設於各茶館中。

　　說書者稱「說書先生」，其佐以絃索，彈唱才子佳人悲歡離合故事者，名曰「說小書」。其醒木一拍，口講指畫，侈談英雄義俠與夫兵陳戰爭等事者，名曰「說大書」，又名「評話」。其一人說唱者，名曰「單擋」，二人者曰「雙擋」，近更有男女登臺合說者。若輩皆襲柳敬亭餘技，能吸引聽眾，以是書場遂遍於城內外云。說書時間，日擋大概在午後二、三時，夜擋則在七、八時。往聽者取費約一角，茶資在內。

附錄

吳縣市鄉

蘇州	滸關鎮	陸墓鎮	湘城鄉	木瀆鎮
橫涇鎮	南北橋鎮	周莊鎮	陳墓鄉	黃埭鎮
甪直鄉	光福鄉	尹山鄉	郭巷鄉	善人橋鄉
蠡墅鄉	金墅鄉	斜塘鄉	東前山鄉	西華鄉
東後山鄉	西山鄉	車坊鄉	沺涇鄉	東橋鄉
香山鄉	五潨涇鄉	唯亭鄉		

吳縣通郵處所

木瀆	唯亭	甪直	北厍	北橋
周莊	光福	湘城	渡村	浦莊
黃埭	斜塘	黃涇	蠡口	西山
陸巷	陸墓	陳墓	車坊	蠡墅
楓橋	橫塘	滸墅關	外跨塘	善人橋
太平橋	周鉄橋	通安橋	金墅鎮	西華鎮
東渚鎮	東頭鎮	西津橋	陸巷村	楊灣村
石橋村	東洞庭山			

城內街道可通汽車者

平門內	平門路、護龍街、三元坊
閶門內	西中市、東中市
金門內	景德路、觀前街、宮巷
葑門內	十全街、鳳凰街、衛前街、十梓街、嚴衙前、天賜莊、公園路、五卅路
婁門內	北街
齊門內	齊門路、臨頓路
相門內	濂溪坊、松鶴板場
胥門內	道前街、府前街
其他街道請閱「蘇州城廂圖」	

機關團體

名稱	地點	電話號數
省政府	北街	一〇〇〇
縣公署	府前街	二五三
領事館	景德路	一五
電話局	閶邱坊巷	六六〇
高等法院	道前街	五五
圖書館	中山堂	六九
城廂第一區事務所	調豐巷	七八
城廂第二區事務所	獅林寺巷	九六
城廂第三區事務所	南濠街	一八五
地方法院	桃花塢	一四〇
電報局	薛家園	七〇〇
菸酒稅局	大儒巷	八一
養老所	普濟橋下塘	一四八
慈善欸產經理處	平江路	一五六
育嬰所	中由吉巷	二〇七
警察局	長春巷	一九
第一警察署	皮市街	二一
第二警察署	十梓街	二三
第三警察署	東善長巷	三五二
第四警察署	橫馬路	二四
第五警察署	婁門外糖坊灣	
消防隊	薛家園	二二
偵緝隊	范莊前	二九
郵政總局	觀西	七七
養育巷郵政支局	養育巷	三〇八
齊門郵政支局	西北街	三三八
西中市郵政支局	西中市	三三九
崇范中學校	范莊前	五八二
縣立中學校	通和坊	六八八
晏成中學校	謝衙前	七二九
東吳大學	天賜莊	一〇四五
渡僧鎮三友小學校	閶外大木梳巷	八六九
總商會	西百花巷	六七
甕業公會	喬司空巷	八四
人力車賃貸業公會	花街巷	一九九
佛教聯合會本部	乘馬皮巷	六一五
樂羣社	宮巷	七二六

報館通訊社

名稱	地點	電話號數
蘇州新報社	西中市	二〇
新申報分社	西中市	六二九
江南日報社	東中市	六七七
中聯社	宮巷	

律師

名稱	地點	電話號數
莊驤律師	大石頭巷	五六〇
朱承鉞律師	富郎中巷	五七九
大公法律事務所 張寓、周大燮	觀西文怡書局樓上	五八八
蔡壽康律師	裝駕橋巷	九二三
夏喆烒律師	三多巷	六六九
姚嘯秋律師	因果巷	
顧恩霈律師	西花橋巷	

醫院醫師

名稱	地點	電話號數
博習醫院	天賜莊	六三五
縣立醫院	滄浪亭	六九二
吳縣隔離病院	閶門外四擺渡更生醫院內	一六四
志華產科醫院	蕭家巷	二〇四
蘇民醫院	閶外新馬路	一三七
光民醫院	慕家花園	三二四
介之醫院	景德路	
蘇州眼科醫院	蔡匯河頭	三三六
養正醫院	衛前街東口	八四〇
陳曉一產科醫室	景德路	三〇四
沈霄鶴醫室	觀西承德里	三六四
王振華醫室	喬司空巷	三八〇
黃玉麐醫室	蕭家巷志恆里	五八一
李尚義醫室	大井巷	三六九
候錫蕃醫室	嘉餘坊一號	
李疇人醫室	蒲林巷內	
張誦清醫室	西白塔子巷	四八八

名稱	地點	電話號數
東方齒科醫院	觀前街西首	
王其相牙科醫生	觀前山門巷	
高瑞山牙科	觀前	
葛雲彬傷科	塔倪巷	七六五

汽車運輸

名稱	地點	電話號數
三吳公司	承德里	七六
新業汽車公司	九勝巷口	九九
飛龍汽車行	護龍街景德路口	四〇〇
岩元運輸公司	察院場口	四四七
道德運輸公司	閶外吊橋堍	四七四
大直汽車公司	閶外大馬路	五八五
福基運輸公司	南新橋	六一八

西藥房

名稱	地點	電話號數
集成藥房	觀西	三五〇
太和大藥房	觀東	五二〇
丸三老舖廣濟藥房	閶外大馬路	六〇六
華美大藥房	觀西	六四六
中英藥房	觀前	
正威藥房	觀前	
重松大藥房	察院場口	八八〇
福來康益記參燕號	渡僧橋下塘	一三

國藥號

名稱	地點	電話號數
恆山堂國藥號	觀東	三九〇
鴻濟壽國藥號	桃花塢東	二六八
雷允上	西中市	
沐泰山	閶門外渡僧橋	
采山堂國藥號	帶城橋下塘	一〇一六
良利堂	蕭家巷	
仁壽天	觀東	
王鴻翥	醋坊橋	

煙號

名稱	地點	電話號數
鼎大鑫煙號	北倉橋塊	二〇二
王萬泰菸莊	養育巷	三八五

工廠

名稱	地點	電話號數
電氣廠	觀前	三三一
中南火柴廠	留園馬路	四七一
鴻生火柴廠	胥門外	八三
太和麵粉公司	葑外覓渡橋	二三
蘇綸紡織廠	盤外二馬路	八二五
美綸織物廠	閭邱坊巷	一二
蘇州織綢廠	石皮弄	五八九
瑞豐絲廠	盤門外日租界四馬路	二一六
華福製絲廠	葑外覓渡橋	二三九
公興金冰廠	胥外火燒塘岸	二〇八
北極冰廠	北局	
天然冰廠	婁門外	八八八
福新米廠	二門口	四七六
協大米廠	虎邱望山橋	五九三
大中棉花廠	半塘油車弄	
蘇州第一精練染廠	護龍街裝駕橋巷口	

酒店

名稱	地點	電話號數
城中酒店	大成坊巷	二〇〇
金瑞興酒棧	西中市	三三一
元大昌酒棧	閶門外石路	二七五
元大昌分棧	宮巷	二七六
全城源酒棧	太監弄	二六三
同福和酒號	宮巷北口	五九六
瑞興源酒號	閶外大馬路	八七九

肉店

名稱	地點	電話號數
老三珍齋肉舖	觀前察院場	一三二
大房陸稿荐	醋坊橋塊	八三六
杜三珍齋	閶外吊橋塊	八五一

醃臘蛋魚行

名稱	地點	電話號數
仁昌魚行	葑外朝天橋	四二〇
永興泰聯合魚行	齊門外大街	七八二
裕大信記冰鮮醃魚號	閶門外吊橋	八六六
正新蛋行	南濠街	五八四
錫記蛋行	葑外安利橋	六一七
永甡蛋行	廣濟橋東堍	六四八
劉福泰鴨行	胥外火燒塘岸	七〇五
王永順哺坊蛋行	葑門外橫街	七一一
興泰鴨行	齊門外北馬路橋下塘	七六三
永興蛋行	南新橋堍	八六一
洽大醃臘行	山塘街毛家橋西	八四四
洽順醃魚行	閶外上塘街	九二七

油鹽醬號

名稱	地點	電話號數
通源鹽業分棧	吳衙場	一三八
通源鹽業公司	北倉橋	四四一
九成油坊	楓橋	一六一
源昌成油坊	胥外棗市街	二三五
義濰醬園	兵馬司橋	九四
王頤吉糧食醬園	三多橋堍	一六七
同豐潤醬園	棗市上	一七六
新泰洽糧食醬園	大成坊巷	一九〇
慶泰醬園	馬醫科口	二四二
潘萬成棧	宮巷	四三四
顧得其醬園	半塘	四六七
潘所宜醬園	山塘街星橋下塘	五二四
添盛醬園	景德路	八二八
天天醬油工業社	平江路混堂巷	二五〇
華明荳鮮汁分公司	天后宮大街	一五〇
味一農產工業社	鈕家巷	六五四

米行

名稱	地點	電話號數
三豐油米坊	葑門外	一三三
肇源振米行	葑門外	一四二
太潤米棧	望星橋	二二六
乾豐恆米棧	東中市	二九〇

豆麵行

名稱	地點	電話號數
恆豐豆行	萬年橋大街	二六八
洽記糧食荳餅行	棗市街厚生油坊內	六五一
洽源泰桐油米號	婁門外官瀆橋西	七九六
太和麵粉公司	覓渡橋	二一二
九豐麵粉公司	山塘街	四四二
振豐粉麩公司	渡僧橋北堍	五六八
大豐粉麩批發處	渡僧橋北堍	五六九
福大麵粉總批發處	閶外吊橋堍	六五八

綢布衣莊

名稱	地點	電話號數
協記布莊	懸橋巷	三二八
聯和綢緞局	觀西	三三七
天昌洽記布號	養育巷	五一四
大記慎布莊	道前街	六三一
協大祥綢布號	觀西	九〇六
萬昶綢布局	西中市	九二九
恆記綢布局	觀前	
大有恆綢布號	觀東	
綺華綢布局	觀西	
大生綢布局	養育巷	
利利綢布局	觀西	
乾泰祥綢布局	觀前	
大亨綢布局	宮巷	
麗華綢布呢絨局	觀前	
大綸提莊	舊學前	六八
李春記洋服號	宮巷	七一五
三新洋服號	北局蘭花街	七九五

洗染

名稱	地點	電話號數
巴黎洗染公司	宮巷	七九二
辣斐中西洗染公司	宮巷	
振華森記餅乾廠	護龍街禪興寺橋北	五八六
永興慶記翻砂機器廠	閶外南新路	七一九

印刷紙號

名稱	地點	電話號數
利蘇印書社	景德路東	二二一
蘇州印務局	東白塔子巷	一八六
毛上珍印刷所	臨頓路	
萃盛祥印刷所	府前街	
新蘇印刷所	觀西	七六四
中新印刷所	碧鳳坊中	
東來義	觀東	
松茂室	景德路	
義豐慎紙箔號	胥門外大街	六三
同泰生紙號	西中市	四二二
藝蘭堂紙號	小郑弄口	四二七

五金電料

名稱	地點	電話號數
耀華電池廠	養育巷南口	三四二
中山電料行	景德路	三八二
貞和電料行	觀西	五〇二
龍華無綫電水電行	宮巷	七二七
光華電池廠	吳趨坊三號	八五七
中新祥記水電行	護龍街蒲林巷口	八八八
王萬泰盈記機器五金行	吳趨坊巷	五九四
祥大五金號	察院場口	九〇二

顏料桐油

名稱	地點	電話號數
姜思序顏料號	東中市	
昌記新油號	胥門外大街	一六九
同昌鼎顏料桐油號	萬年橋大街	四六五
德大昌顏料號	南濠街三元弄口	四九九
謙和顏料號	南濠街北口	五六三

壽器

名稱	地點	電話號數
柏年長壽器店	養育巷	七四
葉永年壽衣板棧	東中市皋橋塊	三三〇

建築古玩

名稱	地點	電話號數
信裕公建築事務所	臨頓路	二九三
修竹廬	護龍街嘉餘坊巷口	六八九

香燭

名稱	地點	電話號數
九如洽記香號	道前街	七七九
文明香燭號	宮巷	九〇一

書店文具

名稱	地點	電話號數
文怡書局文具號	觀前街	
立達書局	觀前街	
平江書局	觀前街	
東吳書局	觀前街	
文學山房舊書店	護龍街	
來青閣	護龍街	
瑪瑙經房	景德路	

照相

名稱	地點	電話號數
光華照相館	觀前	
銀都照相館	北局	
皇后照相館	宮巷	

理髮

名稱	地點	電話號數
人人理髮館	北局	
九洲理髮館	大成坊巷口	
白玫瑰女子理髮館	北局	
紫羅蘭理髮館	宮巷	
白牡丹	宮巷	
大美理髮廳	觀東	

金鋪

名稱	地點	電話號數
恆孚銀樓	觀前及西中市	
天豐銀樓	西中市	
老萬年	道前街	
寶成銀樓	觀東	
彩鳳銀樓	觀東	

銀號

名稱	地點	電話號數
通惠銀號	觀前	
餘生匯兌號	觀西	
匯泰銀號	觀西	
華豐匯兌號	觀東	

帽莊

名稱	地點	電話號數
馬天一帽莊	觀前	
小呂宋呢帽莊	觀前	

鞋莊

名稱	地點	電話號數
瑞華鞋莊	觀前	
瑞源鞋莊	觀前	
拔佳	宮巷	
嘉祿	觀前	
新祿	正山門	
西天寶	觀前	
進步	觀東	
桐春	觀前	
德昶	北倉橋	

襪廠

名稱	地點	電話號數
廣貨大陸襪廠	觀西	
東吳襪廠	親東山門巷	
蘇州襪廠	護龍街	
通大廣貨號	西腳門	
華豐襪廠	大成坊巷口	

刻字

名稱	地點	電話號數
梓文閣	養育巷	
新世界	觀前	
美芳社	觀前	

銀盾禮服

名稱	地點	電話號數
徐全泰銀盾徽章	景德路	
陸五房	景德路	
萬華	觀前	

茶社

名稱	地點	電話號數
汪瑞裕	觀前	
蓬瀛	太監弄	八四九
三萬昌	元妙觀	
品芳居	元妙觀	
景德茶社	景德路東	
茂苑	元妙觀東腳門	
胥苑深處	養育巷	五五六
吳苑深處	太監弄	四九八
桂舫閣	宮巷	
花園茶室	觀前（碧鳳坊）	
長樂	閶門外	
樂安	觀東	
九如	臨頓路	
金閶第一茶樓	閶門外	五二六
南新園	金門外	
裕德茶室	景德路	

浴室

名稱	地點	電話號數
清泉浴室	宮巷	七一
蓬瀛浴室	太監弄	八一三
彙金泉	北局	
天一池	金門外	

茶食糖果

名稱	地點	電話號數
稻香村	觀東	三六一
采芝齋	觀東	八三二
悅采芳	觀東	
葉受和	觀東及景德路	
采芝香	觀前	
采芝春	觀前	
東祿	觀東	
張祥豐棧	吳涇浜五九號	八〇四
張祥豐號	山塘街新民橋東	八〇五
張長豐	胥門外萬年橋北	八〇六

菜館

名稱	地點	電話號數
西菜		
沙利文	觀前北倉橋	
新亞酒樓	觀前北倉橋	七七七
璇宮	太監弄	
三吳菜社	北局	
新璇宮	北局	
中菜		
新亞酒樓	觀前	七七七
松鶴樓	觀前	二七〇
三吳菜社	太監弄	二四〇
璇宮	太監弄	三五一
新璇宮	北局	
老丹鳳徽館	觀前	九九三
易和園	觀前	五五一
護中樓	護龍街	九七四
大新央	太監弄	
大中央	北局	
正興館	太監弄	八七
味雅粥店	閶門外	六五七
三樂宮	養育巷	一六二
雅仙居	閶門外	三九七
卡爾登	閶門外	三八四
大新樓		二七一
天興園	養育巷	四四六

名稱	地點	電話號數
義昌福		四二一
新中央		八一四
鴻興園		七六九
麵館點心		
觀振興	觀前正山門	六六三
鴻興館	太監弄	七〇
黃天源糕糰店	觀前	
五芳齋	元妙觀	
六芳齋	元妙觀	
森芳齋	元妙觀	

旅館

名稱	地點	電話號數
新閶旅社	閶門橫馬路	四一
大陸飯店	觀前街	五四
城中飯店	宮巷	八〇
安東飯店	洙泗巷	九五
東方飯店	北局	二〇九
大東旅社	閶外廣濟橋	二一七
新蘇飯店	北局	二四九
揚子飯店	閶門外惠中旅館舊址	二六二
爵祿飯店	觀西施相公弄口	五六七
吳中飯店	北局	五七三
江南飯店	太監衖	六九六
吳苑粥店	北局	一七八
衞生粥店	閶門外	二九九
天然飯店	閶外同安坊	八九三
遠東飯店	北倉橋九勝巷口	九三〇
吳宮飯店	察院場口	九五九
南京飯店	閶門外橫馬路	一〇一四

娛樂

名稱	地點	電話號數
開明大戲院（京戲）	北局	九五三
蘇州大戲院（影戲）	北局	
大光明戲院（影戲）	北局	三六三
東和影戲院（影戲）	北局	
金城大戲院（影戲）	閶門外	

名稱	地點	電話號數
東吳大戲院（京戲）	閶門外	五五四
吳苑書場（彈唱）	太監弄	
春和樓書場（彈唱）	東中市	
景德書場（彈唱）	景德路東	
錦閣書場（彈唱）	臨頓路	

火車

票價表

	站名	三等	四等	站名	三等	四等
由上海往南京各站	眞如	·一五	·一〇	常州	二·五五	一·七〇
	南翔	·三〇	·二〇	新閘	二·六五	一·八〇
	黃渡	·三五	·二五	奔牛	二·七五	一·八五
	安亭	·五〇	·三五	呂城	二·九〇	一·九五
	天福庵	·六〇	·四〇	陵口	三·〇五	二·〇五
	陸家浜	·六五	·四五	丹陽	三·二〇	二·一五
	崑山	·八〇	·五五	新豐	三·三〇	二·二〇
	正儀	·九五	·六五	渣澤	三·五〇	二·三五
	唯亭	一·〇五	·七〇	南鎮江	三·六〇	二·四〇
	外跨塘	一·二〇	·八〇	鎮江	三·六五	二·四五
	蘇州	一·三〇	·九〇	高資	三·八五	二·五五
	滸墅關	一·五〇	一·〇〇	下蜀	四·〇〇	二·七〇
	望亭	一·六五	一·一〇	龍潭	四·二〇	二·八〇
	周涇巷	一·八〇	一·二〇	棲霞山	四·三五	二·九〇
	無錫	一·九五	一·三〇	堯化門	四·四五	二·九五
	石塘灣	二·一〇	一·四〇	太平門		
	橫林	二·二五	一·五五	和平門	四·六〇	三·一〇
	戚墅堰	二·三五	一·六〇	南京	四·七〇	三·一五

附註：
（一）所載票價須用日本金票或軍用手票。
（二）急行車三等每百公里另加急行券資五角，不滿百公里依百公里計算。
（三）二等票價照三等加倍計算。

時刻表

（中國時間）民國廿八年四月二十日實行					
蘇州至上海			蘇州至南京		
氣12	三等	上 七・二〇	客3	二三等	上 九・三九
混10	三四等	上 八・五八	急1	二三等	上 十・一二
氣14	三等	上十一・一八	客5	二三等	下 一・一九
急2	二三等	下 一・二四	混9	三四等	下 四・二三
客4	二三等	下 一・五六			
客6	二三等	下 四・二七			
上海至南京			南京至上海		
客3	二三等	上 七・三〇至南京	客4	二三等	上 七・四五
急1	二三等	上 八・三〇至南京	急2	二三等	上 九・〇〇
客5	二三等	上十一・一〇至南京	客6	二三等	上十一・〇〇
混9	三四等	上十二・四〇至常州	混10	三四等	上十二・五五
蘇州至嘉興					
混401		上 七・〇五			
混403		下 一・二五			

汽車

路別	經過地點	每天次數	車站地點	全程車價	里程	計時	開行時刻
蘇福	橫塘、西跨塘、木瀆、靈巖山	三次	景德路黃鸝坊橋	六角	六〇	四五分	
蘇常	陸墓、蠡墅、莫城、吳塔	二次	金門外橫馬路	一元	約八〇	一・一五分	上午八時 三時
蘇錫	卽上列蘇常路之經過常熟		金門外橫馬路				
蘇嘉	吳江、北圻、平望	二次	金門外橫馬路	一元五角	約一五〇	約三時	上午八時 下午二時
蘇湖	吳江、北圻、平望、震澤、南潯	三次	金門外橫馬路	一元六角	約二〇〇	三時	

輪船、航船

船只局名	開往地點	途經地點	班次開行時刻	停泊碼頭	電話
上海內河公司安昌洋行	常州		早班上午八時	閶門外萬人碼頭	
	無錫		中班中午十二時		
	常熟		上午八時		
裕泰公司西海快輪	滸關		上午六時三十分	金門外	
	望亭		上午十二時	萬人碼頭北五三號	二八三
	新安		上午十二時		
	無錫		上午十二時		
	丹陽		上午七時		
	陳墓		中午十二時		
	西華		上午六時 中午十二時半開回		
	東山			胥門外萬年橋	
	香山				
	光福				
	南潯		上午八時	金門外	
	湖州		上午八時		
民興船局	黎里	吳江、北圻	上午六時三十分	閶門外萬人碼頭	
甫里公司	陳墓	斜塘、甪直	中午十二時	閶門外萬人碼頭	
昌安船局	滸浦	常熟	上午八時	閶門外萬人碼頭	
衡泰輪局	東萊	蕩口、北瀰、華市等埠	上午六時三十分（每日對開一班）	閶門外萬人碼頭	
普益公司	梅村	蕩口等埠	中午十二時	吊橋堍下	
蘇常輪局	常熟	沿途各埠均靠	中午十二時三十分	吊橋堍下	
協興公司	崑山		上午七時 下午一時各一次	太子碼頭	
	黃埭		上午八時	吊橋堍下	
蘇利輪局	嘉興	吳江、北圻、平望、盛澤、王江涇	每逢雙日 上午八時	閶門外萬人碼頭	

船只 局名	開往 地點	途經 地點	班次 開行時刻	停泊 碼頭	電話
和濟輪局	同里		每日七時同里開蘇 十二時開還	閶門外 萬人碼頭	
	香山	沿途各埠均靠	每日上午七時來蘇 下午一時開還	胥門 洋橋塊下	
保大輪局	渡村		下午一時	胥門 洋橋塊下	
蘇庭船局	東山 大水橋	橫塘等埠	上午七時開東山 下午一時開還	胥門 洋橋塊下	
合成公司	光福	木瀆等埠	每日來還二班 上午八時 下午一時	胥門 洋橋塊下	
利商公司	湖州	沿途各埠均靠	上午七時		

附錄

倉卒付印　調查難周

漏誤之處　在所不免

修正補充　有待再版

倘承賜告　無任感激

版權所有

中華民國廿八年五月出版

新蘇州導遊

每冊三角

編著者　尤玄父

發行者　周文達

總發行所　文怡書局蘇州觀前街

分發行所　各大書局各煙紙號

外埠如欲代銷無任歡迎

廣告

中國近代歷史城市指南

City Guidebooks of Modern China:

Suzhou Section

蘇州篇

最新蘇州指南（1948）

目錄

導遊／城內名勝圖
編者小言

- 支硎山（觀音山）
- 鄧尉山
- 穹窿山
- 洞庭山
- 石湖
- 上方山
- 寶帶橋

插圖

- 北寺塔
- 拙政園
- 獅子林石船
- 獅子林假山
- 玄妙觀三清殿
- 雙塔
- 滄浪亭
- 瑞光塔
- 留園
- 西園戒幢寺
- 西園放生池
- 虎邱山全景
- 虎邱山五十三參
- 虎邱山冷香閣

- 寒山寺
- 靈巖山全景
- 靈巖山後景
- 醉僧石
- 琴台
- 天平山
- 天平山一線天
- 鄧尉清奇古怪
- 石湖
- 寶帶橋

旅行必備
最新蘇州指南
內附遊覽地圖名勝風景
大中興地學社出版
蘇州大公書局發行

導游

　　來蘇遊人，限於假期，未能寄留多日，故本書排定每日遊程，俾可節省時間。

一日：由火車站乘車至閶門外留園、西園及戒幢寺、虎邱山，折至楓橋寒山寺，返城進膳，飯後，到城內滄浪亭、拙政園、獅子林、玄妙觀。

二日：由金門外蘇福長途汽車站乘車（或僱小汽車）至木瀆靈岩山，可坐山轎代步，從後山至天平山、范墳、觀音山，折返至木瀆鎮。

三日：由蘇福長途汽車至光福鎮（小汽車亦可達）到司徒廟、香雪海、玄墓寺、石嶁、石壁，返至鎮上，遊銅觀音寺、虎山橋等處。

甲、旅館：在城外廣濟橋、橫馬路一帶。在城內觀前街、北局、大井巷各處。

乙、菜館：在城外大馬路附近，在城內觀前街、太監弄等地。

丙、食物：糖菓、瓜子等物，爲蘇州名產，以觀前街一帶爲佳。木瀆蔴餅，亦爲著名土產。

城內名勝圖

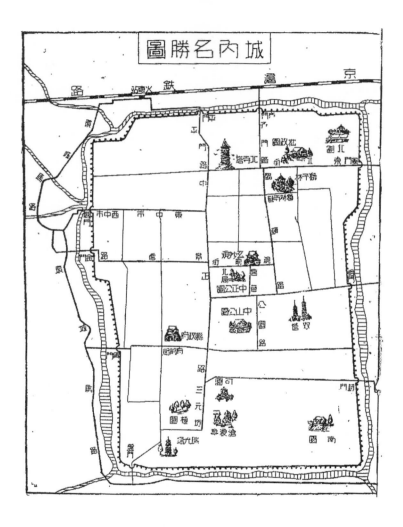

編者小言

　　指南一書，已出多冊，其中古蹟名勝，類多雷同，而滄桑變易，境往時遷，所以有編著最新之舉，以便遊人按圖索驥，毋使有名無址，徒勞往返。且於浮文小節，摒去不載，擇其緊要之處，以清閱者耳目。設有掛一漏萬之病，還望讀者諒之。

北寺塔

塔在平門內報恩寺，俗稱北寺，三國時孫權母吳夫人捨宅建築。凡十一層，後燬於火，宋紹興時重建，改為九級。富麗雄偉，為全蘇浮屠之冠。登塔遠望，山巒起伏，以及煙色湖光，歷歷在目。寺中供奉諸佛外，內有歷字娘娘像，插花滿頭，相傳與人生前造命。吳俗八月八日，為八字娘娘生日，香火甚盛，進香者多年老婦人，手持金紙裱糊之竹籃，內置麥草編成之錠，兩籃對合，名曰金飯籃。上書某門某氏，焚化殿庭，來生可能豐衣足食。又婦女多燃香獻履，再生可轉男身。

北寺塔

拙政園

　　在婁門內大街（舊名東北街），爲明嘉靖時王獻臣別墅，取拙者之爲政，故名拙政。清初陳之遴購得，後籍沒入官，爲吳三桂壻王永寧所有。太平天國時爲忠王府，同治間改爲八旗奉直會館。入門有老籐，爲文徵明手植。門內疊有一座，橫當其間，進後清水一曲，通以小橋，橋後有堂，曰遠香堂，面山面水，爲園中之冠。堂西一軒，兪曲園題曰聽香深處。北有一地，四圍皆水，儼如小島，跨以曲橋，築屋其上，署曰雪香雲蔚。園中亭館星佈，林木絕勝，以寶珠山茶，交株連理，花開雲錦，巨麗鮮妍，爲江南所僅見。

拙政園

節錄吳梅村詠拙政園連理山茶歌

　　　　拙政園內山茶花，一株兩株枝交加。
　　　　豔如天孫織雲錦，頹如姹女燒丹砂。
　　　　吐如珊瑚綴火齊，映如蟠螭凌朝霞。
　　　　百年前是空王宅，寶珠色相生光華。

獅子林

在婁門內獅林寺巷，本元時高僧倡道之地，卽獅林禪寺之園圃，後爲清初黃氏所有，近歸貝氏。園中假山玲瓏，分爲東西兩部，盤旋曲折，洞壑宛轉。兩人各進一洞，穿越其間，相見不能相接，出洞後方可握手。沿池小石浮水，形像魚鳥，望之畢肖。上有含暉峯，吐月峯等，其中以獅子峯爲最，昔有古松五株，根生石上，故又名五松園。當初倪雲林愛其境地，爲之繪圖，並取佛書獅子座之義，名曰獅子林。俗以該園假山爲倪氏所築，此乃誤傳。清乾隆遊玩其地，贊嘆其景，建亭於旁，賜額眞有趣三字，時隨駕大臣，乞將「有」字賞給，乃去有字，匾曰眞趣。

獅子林石船

獅子林假山

舒鐵雲遊獅子林詩

百轉百邱壑，一步一階級，
縮地無近謀，漏天有餘澀。
雲林老畫師，筆筆不相襲，
凝神慘經營，彈指妙結習。

玄妙觀

在城中觀前街（舊名眞慶坊），建于晉咸甯二年，初名眞慶道院，至元時改稱今名。前爲正山門，內塑辟非禁壇二將軍及馬趙溫王四大天君。中爲三淸殿，內奉三淸聖像。殿額妙一統元，相傳爲金兀朮所書。殿內舊有吳道子畫老君像，至今年久湮滅。後爲彌羅寶閣，高出雲霄，民元毀於火，今中山堂卽其遺址。最後爲羽士修養之處，今名方丈，明淸兩代，多出得道仙人。觀內兩廊，宮殿林立，古蹟尤夥。惟泰半蕪沒，所存不多。

玄妙觀三淸殿

釘釘石欄干

三淸殿露臺四週，圍以石欄，相縫處用釘連繫，不經爐火，相傳爲仙人手蹟，石上精刻人物，鳥獸，靈動如生，人莫能及，亦謂仙人手筆。現雖平糊，尚可摹觀。

七星池

在觀內東廡東嶽殿內，池中有七井，雖大旱池水不乾。

無字牌

明洪武時清理道教，將觀中前賜香火田，以充軍餉，刻石立牌，方孝儒撰記。後方公以忌忤，劃去記文，即今之三清殿東側無字大牌。

運木古井（附簑衣眞人）

井在觀後東北隅簑衣眞人殿內，殿係宋何立得道之處。因秦檜陷害岳飛，東窗事發，立乃棄官學道，其蛻骨在今之大殿基下。殿前庭中，有井一口，上有井亭，匾曰元都第一景。建造彌羅寶閣時，快乏木料，施亮生眞人，佈施法術，木從井出，並囑拔時切勿多言，不意有一小工戲語，井中之木，堅拔不起。及至量材使用，缺一正樑，即井中之木。後乃使用他木，接以斧鑿，巧術完工，清時人皆見之。相傳彌羅寶閣被焚後，井中之木，亦已失去，然現今井中，仍有一木，神話傳語，無從考證。

一步三條橋

在三清殿左首露臺下，三條青石，如橋面，下無水，一步即可跨過，故曰一步三條橋，相傳雨後有魚自橋穴中躍出。

中山公園

在城內王廢基，昔名公園，今稱中山。園內淺草平鋪，古樹婆娑，春秋佳日，散步其中，心怡神曠，後有荷

花池，架橋九曲，夏日倚欄憑眺，清香心脾，殊增綺思。

雙塔

在城東南隅定慧寺巷雙塔寺內，唐時建寺，初名般若寺。宋雍熙中，王文罕建兩塔，遂以雙塔名之。相傳三吳人士，文才輩出，皆因此塔之風水。

雙塔

滄浪之水清兮

城南三元坊，有石坊巍峨，上刻滄浪勝蹟四字。進內，芳草遍地，綠波映輝，一泓清水，圍繞粉牆，遙望洞壑玲瓏，林屋雲巒，有亭翼然，卽遊人迴念之滄浪亭。亭南爲明道堂，詞聯精美。堂北有五百名賢祠，壁間寰刻五百名賢像，唐伯虎祝枝山亦列在內。該地昔爲吳越時孫承祐之別墅，後歸宋蘇子美購得，重建園囿，疊石爲山，引水爲池，築亭於其上，號曰滄浪。四面雜花修竹，澄川翠軒，游樂其中，大有飄然忘歸之感。亭北爲美術學校，校外臨水，一亭橫瞰，名曰靜吟，遠眺更佳。

滄浪亭聯

> 清斯濯纓，濁斯濯足。
>
> 智者樂水，仁者樂山。

——杜文瀾作

滄浪亭

可園

滄浪亭之北，有一園對立，地雖不廣，迴廊穿繞，頗具曲折，今爲省立圖書館。

開元寺

在瑞光塔之北，吳越時錢鏐因北寺燬於火，迎二石象建寺居僧，內奉地藏王菩薩。後有藏經閣（俗名無樑殿），吳俗七月晦日，爲地藏王誕辰。善男信女，羣集於該寺之殿，酬願燒香。婦女有脫裙之俗，裙以紅紙爲之，謂生產一次，脫裙一次，則來生可免產厄。至夜家家戶戶，點燭庭階，謂之狗屎香，通街小巷，衆僧設壇，禮懺誦經，施放焰口，名曰盂蘭勝會。或翦紅紙燈狀蓮花，焚於河中，名曰放水燈。

地藏燈詩

金仙轉刼降東瀛，教主偏從晦日生，

一點禪燈分寶焰，頓教黑地盡光明。

——蔣元熙作

脫裙解穢一重重，村婦紛投地藏宮，

磚塔夜來燃珀屑，水燈放後地燈紅。

——蔡雲作

瑞光塔

在盤門內瑞光禪寺前，三國時孫權因西康僧東來，建寺居之。旋造舍利塔，以報母恩。塔屢放五色，故名瑞光。

瑞光塔

南園、北園

城內南、北二園，昔皆公卿館第，今則夷爲桑田。春末菜花盛時，一望黃金，暖風爛漫，使人心醉。沈朝

初憶江南詞云：「蘇州好，城北菜花黃，齊女門邊脂粉膩，桃花塢口酒屆香，處處弄笙簧」。

唐伯虎墓

明解元，姓唐名寅，號伯虎，住桃花塢，在閶門內，現改準提庵。其墓在胥門外橫塘，王家村，律字圩，今稱桃花塢爲墓實誤。

山塘花市

虎邱山左右，多藝花圃，七里山塘，花肆林立。春之玫瑰，夏之白蘭，秋之木樨，而珠蘭茉莉，生產尤夥，其去蒂者，售於茶葉舖，以作烘製之用。連蒂者，專供婦女懸胸，閨房粧檯之品。清晨花農少女，沿門叫鬻，紅碎綠玉，五色鮮濃。店肆則於盆中，植奇花異卉，置之几案，清雅可愛，謂之盆景。

留園

園爲明徐問卿遺址，初名東園。在閶門外二里許，今稱留園馬路。清嘉慶時劉蓉峯買之修建，題名寒碧山莊，俗謂之曰劉園。清光緒間，歸盛杏生所有，改題園名取其劉留之音，名曰留園。園內泉石之勝，花木之美，亭榭之幽，堂閣之宏，甲於吳中名園。園之中部爲涵碧山莊，額曰「胸次廣博天所開」，有張之萬楹聯（附註一）。莊之西北，有荷花池，傍疊假山，桂樹叢植

其上。中有一軒，題曰「聞木樨香軒」。山之頂有亭，曰可亭，懸有鄭文源聯（附註二）。池之東有枬木廳，額曰藏修息游。庭有疊石，勢極雄偉，有園主人聯（附註三）。廳之左有揖峯軒，入軒有高大之湖石三座，中曰冠雲峯，左曰岫雲峯，右曰瑞雲峯，眞千百年難得之奇石，南有冠雲台，署曰安知我不知魚之樂。左有冠雲亭，北面有樓，名曰仙苑停雲，壁間嵌歪尾光麟魚化石，兩旁懸雲石極多，頗合畫意。偏東一屋，爲園主人參禪處，有主人自聯（附註四）。園西另闢又一村、建一屋，署曰少風波處便爲家。再進曰小蓬萊，有邱陵，有小溪，臨溪有閣，題曰活潑潑地。溪有荷，邱有樹，長夏避暑，其樂無窮。

留園

留園名聯

一、

　　卅年前曾記來遊，登樓看雨，倚檻臨風，俛仰已成今昔感。

三徑外重增結構，引水通舟，因峯築榭，吟歌長集
友朋歡。

——張之萬作

二、

園林甲天下，看吳下遊人，載酒攜琴，日涉總成彭
澤趣。

瀟洒滿江南，自濟南到此，疏泉疊石，風光合讀涪
翁詩。

——鄭文源作

三、

歷宦海四朝身，且住爲佳，休孤負清風明月。

借他鄉一廛地，因寄所託，任安排奇石名花。

——主人自作

四、

儒者一出一入有大節，老僧不見不聞爲上乘。

——主人自作

西園

在留園之西，爲明徐太僕故址。崇禎間施捨東部
建造戒幢寺，洪楊時被燬於火，光緒初僧人募資重建。
內有五百羅漢堂，丈六金身，莊嚴輝煌，人遊其中，如
入八陣圖。其餘大殿，藏經閣等，亦頗宏大。西爲放生
池，另闢一門，以納遊人。池中建亭，東西架曲橋，亭

之額曰，月照潭心，有名聯一付。池內多魚鱉，皆攜此
放生，遊人每以餅餌投之，麕集可觀，池旁田圃壘石，
頗具清雅。

西園戒幢寺

放生池聯

聖教名言，獨樂何如同樂。

佛家宗旨，殺生不若放生。

西園放生池

虎邱山

　　虎邱山。一名海湧山，在閶門外七里許，吳王闔閭卜葬於此，葬時殉以扁諸魚腸等名劍三千，越三日，金精化爲白虎，雄踞其上，故名虎阜。山前塘河，係唐時白居易刺史蘇州時開鑿，以利舟船，溝通南北，而達運河，旁築塘路，故又名白公堤。山上虎阜禪寺，爲晉司徒王珣弟兄捨建，隋時建塔七級，宋時改名雲岩禪寺，日後屢燬於火，至清同治間郡人陳德基募建天王殿，其餘迄未修復。舊時廟貌宏壯，爲東南一大名刹，計有千佛閣，轉輪大藏殿，土地堂，水陸堂，羅漢堂，伽藍殿，大士庵，玉皇殿，天后宮，花神廟等寺院。古志載有東西二寺，顏魯公詩云「不到東西寺，於今五十春」。惟西寺究在何處，歷來每多紛爭，然滄桑變易，終難考證。

　　此山歷史久遠，古蹟衆多，雖小如土阜，能與川嶽齊名。秦始皇因遊海上，聞此名勝，特自滬瀆往遊，以下宋元明清，歷代帝王，或賜經文，或駕臨幸，其他如高僧俠客，名士美人，清詞法書，美不勝收。宋朱長文謂其有三絕，明李流芳謂其有九宜。其中以十八景爲最，茲記於後。

鴛鴦塚／虎邱第一景

　　在頭山門內，路之西側，明崇禎年間，蠡口倪士義死，其婦楊氏誓不失節，闢其地爲墓，名曰鴛鴦，以葬其

夫。有鄰人諷之改醮，婦曰：鴛鴦具在，無汙我耳，遂自
剄。賢士大夫嘉其剛烈，集金合葬，題其門曰：「身膏白
刃風斯烈，骨葬青山土亦香」。後經兵燹，墓地荒蕪，民
初邑紳吳蔭培等重行修葺，作亭以蔽之。在墓亭石柱上題
聯曰：「梁案齊眉愧高士，吳山艷骨傍真娘」。

虎邱山全景

塔影橋／虎邱第二景

　　在二山門東首，橋洞形如半月，勢若飛虹，橋旁
有塔影園，爲明文肇祉所建，疊石爲山，鑿地成池，池
成而塔影現，且橋波亦映有塔影，故塔影名園，塔影名
橋。東西兩橋柱各有題聯，一曰，「橋波留塔影，跨岸
接山光」。一曰，「路入香山社，人維春水船」。人立
橋上，常春光明晴，胸襟怡暢，秋高氣爽，神志清朗。
徘徊其中，頗具畫意。

塔影橋詩

雁塔朝流舍利光，半空飛影入寒塘，

應知不是池中物，會有題名在上方。

　　　　　　　　　　　——張伯起作

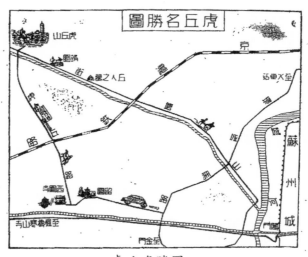

虎丘名勝圖

斷樑殿／虎邱第三景

　　斷樑殿卽二山門，其正樑爲兩木接合而成，舊名樑
雙殿。現今之構造，係摹倣舊制，保存古蹟。殿額兩匾，
一曰，路接天閶，爲康熙御書。一曰，虎阜勝蹟，爲譚
延闓所書。兩旁供金剛二神像，神後東西二廡刊立巨碑
四，內載建造雲岩禪寺及修建虎邱塔等文記，此皆元明
兩代古物，字跡完整，敍述該寺之沿革，至爲詳盡，遊
人可以觀讀。

憨憨泉／虎邱第四景

進二山門西側，旁有一井，舊有一亭，今已頹廢。傳爲梁時憨憨高僧所鑿，寺僧多在汲水，泉味甘冽。井旁有石一方，上刻憨憨泉三字，爲宋時呂升卿遺跡。

試劍石／虎邱第五景

過憨憨泉，路之東側，有兩石臥於道旁，中開如截，若爲利刃所斫者。相傳吳王鑄劍，得干將莫邪二名劍，將此石試之，旁有石刻試劍石三字，爲王文寶所書。

枕頭石／虎邱第六景

在試劍石對面，路之西側，形如枕頭，上刻有枕石二字，又因狀如蜒蝣，故又稱蜒蝣石。晉高僧生公，嘗倚息此石。又傳明唐伯虎遊玩虎邱，倦倚石旁，遇見秋香。今婦女有懷孕者，多投磚石於其上，中者爲男，墜者爲女。

真孃墓／虎邱第七景

墓在試劍石後，爲唐時真孃葬此，真孃吳之名妓，本姓胡，良家女，父母故，誤落惡人手，遂入煙花，祇歌曲賦詩，不肯留宿。一日有客王蔭祥，意欲下榻。鴇婦已允，真孃僞許之，約以明晚，客去，遂投環死。明日客來。竭力棺殮，誓不再娶，築坟以埋之，並題曰，真孃墓。時李祖年集吳夢窗詞句以爲聯，曰「半邱殘日

孤雲，寒食相思陌上路；西山橫黛瞰碧，青門頻返月中魂」此墓唐宋以來，騷人韻士，多感真孃之華麗，題詩賦詠，鱗臻櫛比，幾與昭君之青塚，太真之馬嵬並傳。

真孃墓詩

虎邱山下冢纍纍，松柏蕭條盡可悲，
何事世人偏重色，真孃墓上獨題詩。

——譚銖作

女命在於色，士命在於才，
無才無色者，未死如塵灰，
虎邱真孃墓，正是空土堆，
香魂與膩骨，銷瘦如黃埃，
何事千百年，一名長在哉，
吳越多婦人，死即藏山隈，
無色故無名，丘塚空崔嵬，
唯此真孃墓，客到情徘徊，
我是好名士，爲爾傾一杯，
我非好色者，後人無相咍。

——宋王禹偁作

千人石／虎邱第八景

在真孃墓後路之盡頭，大石一塊，平坦者如砥，高下者如削，寬數畝，相傳生公講經，此石列坐千人。又傳吳王闔閭築墓，匠工千人，恐其洩漏祕密，至墓成，

誘殺石上，以滅其口，故俗言石色赭紅，即當時千人之
血跡痕。

二仙亭／虎邱第九景

　　在千人石之北，劍池之旁，亭內嵌碑二，左爲純陽
呂祖像，上刊純陽自敍語，清乾隆黃厚燧書。右爲希夷
陳搏像，上鐫希夷傳，清乾隆汪松摹亭外石柱題曰「昔
日岳陽曾顯跡，今朝虎阜更留蹤」，亭內石柱題曰「夢
中說夢原非夢，元裏求元便是元」。閱虎邱原圖，祗有
可月亭，並無二仙亭，是此亭之建造，當在嘉慶年間，
碑像由呂仙閣移此，因亭內石刻篆額可資考證。

生公講台／虎邱第十景

　　一名說法台，在二仙亭之東側，傳爲晉高僧生公講
經處（又爲南北朝梁時人，「唐劉禹錫詩註」），公名
道生，姓魏，鉅鹿人，幼從竺法汰出家，披讀經典，一
覽即誦。年十五，即登講座，初入廬山幽棲，後止虎邱，
聚石爲徒，講涅槃經，羣石皆爲點頭。有一日說法畢，
隱几而化，臺址刻有篆文「生公講台」四字，無書人姓
名，傳係宋蔡襄所書，因有天聖年號。

點頭石／虎邱第十一景

　　在千人石東側，白蓮池中，作短方形，叠於他石之
上，旁刻「點頭」二字，係王文寶所書。生公講經時，

起初無人信仰，乃聚石爲徒，講讀至理，石爲點頭，所謂「生公說法，頑石點頭」。今可月亭側，有一巨石，篆刻「覺石」二字，亦是靈石。

白蓮池／虎邱第十二景

池上昔有采蓮橋，今已傾廢，周百三十步，巉石旁出，其中有磯，舊名鈎月磯。生公說法時，池生千葉蓮花，元末蓮池中水，忽作紅色，明年張士誠至，全山擾亂，此乃預兆。西壁題刻，爲宋賀方回書。俗傳吳王與妃嘗採蓮於此。又說清遠道士養鶴此池，故又名養鶴澗。

五十三參／虎邱第十三景

在白蓮池東，五十三層之石級，進至佛殿。其第二十七級，較爲寬廣，昔有兩旁置立石獅一對，中鋪方石一塊，供作拜臺。所以云五十三參者，取佛經「五十三參，參參見佛」之意。清乾隆南遊時，其第三次詩云，「石梯五十三」，第五次詩云，「其磴五十三」，皆指五十三參而言。

虎邱五十三參

仙人洞／虎邱第十四景

在五十三參之東側，今已閉塞，不復可入。相傳昔有賣橘老翁，偶入此洞，見有二仙對弈，旁觀片刻，迨出洞，則已數十年。又傳此洞能通至四川，與北平戒台寺之洞，能通張家口，房山縣之洞，可達陝西，互爲奇蹟。

虎邱劍池／虎邱第十五景

在千人石後，雙吊洞之下，其景爲虎邱之最。崖石危峻，中裂分壁，水深丈餘，處旱不枯，遇潦不溢。越絕書謂「吳王闔閭冢在虎邱池下。廣六十步，水深一丈五尺，銅棺三重，澒池六尺，專諸魚腸等劍三千殉焉」。郡縣誌云，秦始皇開鑿以求珍異，莫知所在，孫權穿之，亦無所得，其鑿處遂成深澗，故名劍池。宋時王禹偁辨其詭說，然民初李印泉於東岩高處，架梯攀岩，發覺石刻二塊，一爲明時吾翕等記，內載云：「正德七年，常州縣令吾翕，吳縣縣令胡文靜，崐山縣令方豪，聞劍池枯，見吳王墓門，偕往觀焉，萬年深閟，一旦爲人所窺，豈非數耶」。一爲正德七年正月，郡士王山椿，候權，任雲藩，祖與之，登遊虎邱，時劍池水涸，見吳王闔閭之幽宮。是則池中實藏有吳王坟墓，未可指爲詭說。池旁石壁，宋明題刻甚多，其「風壑雲泉」四字，傳爲宋米芾所書。現今嵌於池前「虎邱劍池」四字、爲唐顏眞卿題書，年久剝蝕，「虎邱」二字，湮沒土中，明萬歷間，新野馬之駿囑著名刻手章仲玉，鈎摹「虎邱」二字於別

石合置於原刻「劍池」二字之旁，故蘇人有「眞劍池，假虎邱」之語。

第三泉／虎邱第十六景

在千人石之西，俗謂觀音泉，又名陸羽井，傳爲陸羽評謂「天下第三泉」。石壁名「鐵花岩」井口方丈，四面石壁，泉出石脈中，甘冽勝劍池，明申文定之子用懋，建祠於旁，築亭其上，題曰「三泉」。

石觀音殿／虎邱第十七景

在第三泉前，宋時臧逵建造。逵以侍親得瘵疾，日誦觀音經文，夜夢白衣人鍼其耳，疾遂愈。乃恭畫眞相，語其弟寧，刻石爲像，三面環以石壁，曰，「應夢觀音殿」。壁間刻有宋曾公亮等九十一人所書大乘妙法蓮華經，一人書一行，現存四十餘行，並有顏魯公，申元宰二人碑記。

虎邱塔／虎邱第十八景

塔凡七級，在虎邱山巓，昔爲晉王珣琴台故址，隋時建造，當其掘地築基，得舍利一，人聞空中奏樂。明宣德間，被火焚燬，寺僧募資重建，巡撫周忱，郡守況鍾，捐俸首助之，落成之日，露盤初上，白鶴數十，迴旋塔頂，舍利之光，達夕燭天。清咸豐間，塔經兵燹，檐欄俱敗，不可登覽。

擁翠山莊／虎邱另景

在二山門內，路之西側，門口有四石碑，上刻龍虎豹熊四大字，爲清洪文卿等所建築，即前月駕軒之故址。內有抱甕軒，問泉亭，靈瀾精舍等，總其名曰擁翠山莊。

冷香閣／虎邱另景

閣在擁翠山莊之後面，民初建造，庭中植梅數百株。每逢仲春，疎影暗香，故名冷香。登閣憑眺，西南諸峯，悉列眼前，爲遊人茗茶最佳之處。

虎邱冷香閣

雙吊桶／虎邱另景

雙吊桶又名雙井橋，在劍池之上，初寺僧取水劍池，登降甚勞，宋時陳敷文集資建橋於上，鑿穴二，爲井幹以便汲水。

五人之墓

在虎邱山塘，青山綠水兩橋之間，花樹店之內，沿街有石碑，上刻「五人之墓」四字，遊虎邱必過之地。

墓中五人曰，顏佩韋，楊念慈，馬杰，沈揚，周文元。
事因明時魏忠賢專權，逮捕周順昌，激動公怒，戮殺緹
騎，後撫丞究辦起事之人，五人挺身就刑。至懷宗卽位，
前案理明，卽將魏閹生祠之址以葬之，褒揚義俠。

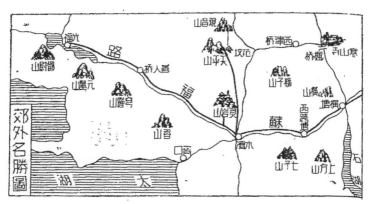

郊外名勝圖

詠虎邱燈船

　　　　江南夙號佳麗地，金閶習尚尤豪奢，

　　　　山塘七里簫管沸，綺羅鎮日爭喧譁。

　　　　鶯聲噎噎花外轉，竹枝低唱多嬌娃，

　　　　重三雙七恣遊衍，隔簾鬢影看窅娿。

　　　　　　　　　　　　　　——楊韞華作

詠靈岩詞

　　蘇州好，勝景聚靈岩，響屜風流遺石上，琴台古調
落高山，宮館好躋攀。

　　　　　　　　　　　　　　——沈朝初作

詠天平山

觀音山蕎最輕盈，柳側花間好並行，

儂是牡丹郎蛺蝶，相隨一路到天平。

——楊韞華作

詠觀音山獅子林

悲雲稽首古支硎，針線非關社日停，

別業獅林推第一，裙衫穿透碧瓏玲。

——蔡雲作

寒山寺

在閶門外約八里許，楓橋鎮畔，因唐張繼夜泊楓橋賦詩得名。寺建於梁，初名妙利，唐改寒山。內有石磚刻寒山拾得二尊像，即俗稱和合二聖。相傳寒山拾得唐時高僧，本爲七世怨家，後經豐干點化，和好合心，遂同得道。昔有巨鐘一座，明代鑄造，其聲宏遠，後爲日人取去，今乃贗品。寺有岳飛題聯，緣岳奉金牌召回之時，經鎮江至杭州，曾寓此寺。其聯曰，「三聲馬喋閼氏血，五代旗梟可汗頭」。

張繼夜泊楓橋詩

月落烏啼霜滿天，江楓漁火對愁眠，

姑蘇城外寒山寺，夜半鐘聲到客船。

寒山寺

跋寒山寺古鐘附詩

庚申二月廿五日，偕韓徵君文舉同游吳下楓橋寒山
寺，則唐人鐘已爲日人取去，故吾於龍壽山房善
繼血書華嚴經，亟保存之。詩曰：「鐘聲已渡海雲
東，冷盡寒山古寺楓，勿使豎干叉饒舌，他人再到
不空空」。

——康有爲作

靈巖山

在胥門外木瀆鎮西北，距城三十餘里，一名硯石山，
山頂有靈岩寺，爲晉陸抗捨宅改建（卽吳王館娃宮遺
址），有塔九級，建於梁時。相傳吳王夫差攜西施於此，
建造離宮，其中古蹟甚多，風景尤著。

靈巖山全景

木瀆小誌

　　距城三十餘里，靈岩山居西北，鎮上市廛繁盛，不亞城中，為蘇州之首鎮。相傳吳王得越貢神木，建築姑蘇台，積材累年，連溝塞瀆於此，故名木瀆。殷家弄內有怡泉亭，為明末里人馮怡泉，與殷心卿友善，嘗以百金贈殷，後馮歿無子，殷為建亭，即以「怡泉」名之，今為行人遊憩之所。又有梁巷，傳為漢高士梁鴻嘗寓此地。其餘如明月寺，牧牛庵，法雲寺等，亦皆名勝古蹟。

靈巖山後景

繼廬亭

在山之正面，爲必經之要隘（即頭山門），昔印光法師，曾有繼廬之別號，故今稱繼廬亭，以作紀念。

迎笑亭

在半山道旁，昔佛印禪師與東坡居士友善，佛印住鎮江金山，東坡嘗以書寄師，約期相晤，且曰，不必出山，當如趙州上等接人。禪師得書逕來，東坡迎笑問之，禪師答以偈曰，「趙州當日少謙光，不出山門見趙王，爭似金山無量相，大千都作一繩牀」。今寺僧遂名其亭，取其「無煩老僧復下繩牀」之意。登臨其亭，蒼翠圍繞，溪聲悅耳，秀色迎人。

觀音洞

在半山落紅亭西，原爲石室（俗稱西施洞），相傳越王勾踐及其臣范蠡曾囚於此。現已改建瓦室，供奉觀音坐像，故名觀音洞，洞前有一石，狀如牛形，半埋土中，俗稱「牛眠石」。

印光塔院

在落紅亭東，印光法師圓寂之處，內供奉印光法師舍利子，佛門稱爲奇寶，遊山者，可參觀之。

石鼓

在落紅亭上，百步階旁，「有大石二，大者二十圍，小者半之，步履有聲，故稱「地鼓」。

石髻

在石鼓旁，俗稱「饅頭石」。

石馬

由石髻之東北二十餘步，遙望下去，有一石，形如馬，故名「上山馬」。

百步階

一名鳥道，自落紅亭上去，約三百餘步，向係石磴百層。乾隆十五年，改爲馬牙磚級，後因路徑陡峻，修築平坦。

醉僧石

醉僧石

在山之東，有一巨石，遠望者，若似一人，倚山靜坐遙望，其形畢肖，故俗稱「羅漢石」，亦稱「癡漢等老婆」山下遊人卽可見之。

望佛來

在百步階旁，有石如龜，昂首凸背，面對太湖，俗稱「烏龜望太湖」，近人於背上，刻有「望佛來」三字。

採香涇

由望佛來前，望下去，一水直如矢，可通香山，相傳吳王夫差種香草於此。使宮女泛舟於溪水以採之，俗名「箭涇河」，一名「一箭河」。

大雄殿

在山頂上，入寺卽可見得，自今新建，高七丈五尺，寬六丈，工程極為偉大。

多寶佛塔

在寺內客堂東，梁天監二年建，初名永祚塔，明萬歷間，雷雨大作，塔內發燄，凡木皆燬，祇存塔磚，近由印光法師改名為「多寶佛塔」。

界清橋

在寺內大殿前，硯池上，此池又名「上方池」，形如長方，周繞半牆，池上跨橋，大雨後，橋東之水清，橋西之水濁，故此橋名「界清橋」。

玩花池

在大殿西首，上數十步，爲方形，下有石級，池水足供灌溉之用。

智積殿

在吳王井上（近移建於多寶佛塔前），爲唐開元時宰相陸象先之弟所創建，殿內供奉智積菩薩。先是靈岩寺成，有僧梵相奇古，入憩寺中，夜半索筆墨，自圖其像於壁而去。會有唐相陸象先之弟病危，諸醫束手，一日，有僧叩問，引至臥室，索杯水噀之，病立愈。象先拜謝，意欲欵留，僧曰，吾靈岩僧，他日到吳，幸過我，不顧而去。其後弟赴山寺，問訊無有，悵然欲回，俄見壁間所繪像，一如醫治之僧，驚喜再拜，亟施鉅金造殿，並拓寺宇。按智積菩薩，即妙法蓮華經寶塔品，多寶如來之侍者。

吳王井

在玩花池上，形圓，吳王時所鑿，水稍濁。

智積井

在吳王井旁，爲八角形，相傳智積菩薩所鑿，井內之水，甘芳清洌，不濁不溢，足供寺內飲用。

玩月池

在兩井之北，形圓，原名「洗硯池」，四週繞以假山，又名「瀞月池」。

長壽亭

自今新建（卽梳妝台遺址），相傳西施曉妝梳髮之處。四週繞有假山，風景極佳。

琴台

在山之最高處，爲吳王令西施鼓琴之所，舊有亭，今廢，石面鑴有明王題「琴台」兩字。台下左旁大石上，亦刻有王鏊題「吳中勝蹟」四大字。

琴台

韓世忠墓

墓在山下西南麓，旁有祠，墓前有一巨碑，高五丈，宋孝宗御題中興佐命定國元勳之碑，係趙雄爲文，周必大書，長一萬三千餘言。

畫船塢

又名划船塢，在山南麓，西施洞下，有東西二窪，吳王夫差乘靑龍舟，日與西施作水嬉。

響屧廊

在塔之西南，吳王建離宮時，築一長廊，地面空架，令西施及宮人，步履繞之，登然有聲。

石闞

在琴台下直北，兩旁有巨石高立，緊束如關，過此山路崎嶇，峻峭如魚背，名曰鯽魚背，可達天平山。

館娃宮

吳王夫差建離宮以藏西施（吳人呼美女人爲娃，故名館娃宮），叠石爲壁，名曰石城，今雖圮毀，寺石尚有遺跡可尋。

靈芝石

塔之四週，有石凸列如芝形，巧似三秀，名曰「靈

芝」，石亦以此得名。

唐李白館娃宮詩

風動荷花水殿香，姑蘇台上宴吳王，
西施醉舞嬌無力，笑倚東窗白玉牀。

明高啓琴台詩

美人玉琴何處遊，遺譜寫入風泉秋，
落葉無人登舊榭，滿山明月鳥啼愁。

明高啓石室詩

廢宮春盡長蒼苔，不見羅裙拂地來，
只恐西施是仙子，別中別自有樓台。

唐王禹偁響屧廊詩

廊懷空流響屧名，爲因西子繞廊行，
可憐伍相終尸諫，誰記當時曳履聲。

明高啟采香涇詩

晨粧出采芳，零露浥紅裳，
種徙山中品，薰傳海外方，
抱筐歸蕙徑，焚鼎薦蘭堂，
未足娛君寢，西施體自香。

天平山

天平山

在閶門外二十餘里，支硎山南，由靈岩山北行，約四里許，山多奇石，峯壁削立，滿植楓樹，風景爲吳中諸山之冠，東北有范墳，爲文正公祖先葬地，下有白雲寺，卽文正公奏立之功德院，清乾隆賜名高義園，內奉范氏歷代神像，門前有御碑亭。園中亭台池館，頗多名勝，如宛轉橋，窹言室，聽鶯閣，魚樂園，來燕榭，翻經台等，窹言室前有聯曰，「門前綠水飛奔下，屋裏青山跳出來」。其餘如穿山洞、蟾蜍石、龍頭石，靈龜石、釣魚石等，皆山中奇絕。今將最著勝蹟，摘錄如下。

范墳

在山之東北，由支硎山過童子門而下，右邊山坡，古松千柏，外面圍以短牆，又稱三太師墳。相傳范文正公葬祖先於此（曾祖太師徐國公、祖太師唐國公、父太師周國公）一日，雷雨大作，滿山平石，忽皆奇形直立，羣峯拱揖，形如萬笏參朝，故名萬笏朝天。

白雲泉

天平山分三白雲，高義園一段，名下白雲。過一線天名中白雲。山頂名上白雲。

在高義園西邊大路而進，有「登天平路」四字，數十石級，旁建一庵，門額「鉢盂泉」，旁有巨石如壁，刻唐白居易書「白雲泉」三字於其上。庵內小屋數楹，庭前面山，置一石鉢，泉水自石礶中一線直流，接以竹管，下注鉢中，泉味甘冽，遊人多在此庵品茗靜憩，遠望山景，有灑然出世之念。泉旁小池盈丈，金魚融融，題石曰「魚樂」。

天平山一線天

一線天

出鉢盂泉西行，兩邊石壁矗立，中間有一條狹徑，望之如無路，入則深黑，從下望上，祇能見得一線，過者胆寒，俗名龍門。其上有二石崖，大者可坐十人，小者可坐六七人，皆石穴空竅，廣石覆之，宛如石室。

飛來峯

過一線天，一塊巨石，高二丈，上銳下侈，一端附磐石上，危然特立，驚人奪目。

卓筆峯

在上白雲，山之最高處，峯高數丈，矗然立於雙石之上，形如筆桿。遊人登之，瞭望山景，如屏如畫，或插或倚，奇石異岩，備極怪狀，盡名山之大觀。

天平看楓葉

天平楓樹，爲諸山最勝處，冒霜葉赤，顏色鮮明，當夕陽在山，縱目一望，髣髴珊瑚灼海，三太師墳前，有九株楓樹，其色更佳。

蔡云天平楓葉詩

賞菊山塘尚勝遊，一年遊興盡於秋，
天平十月看楓約，只令詩人坐竹兜。

唐白居易白雲泉詩

天平山上白雲泉，雲本無心水自閒，
何必奔衝山下去，更添波浪去人間。

又卓筆峯詩

雲來初似墨，雁過還成字，

千載只書空，山靈恨何事。

支硎山（觀音山）

在閶門外約二十里，天平山之北，過西津橋約七里許，爲晉支道林隱居於此，山上有觀音寺，故又名觀音山。二月十九日爲觀音誕辰，男女至山進香者，連袂於途，多坐竹輿以代步。寺內有轉藏殿，中有如亭，四週塑嵌諸佛，下有輪軸，力大者推之盤旋轉動。寺後有寒泉，山石巨大，終年涓涓不絕，清列碧潔。山南寒山嶺上（至天平路半，童子門前），石牆巍峨，其中雖已頹廢，而亭池台榭，皆以石建，尚可觀摹，古色古香，當有千年以上之歷史，其工程浩大，測其形勢，非普通士宦所能力及，詢諸鄉人，皆不能道其詳。按志乘記載，吳王行宮甚多，大半遺址難查，此地頗似。

鄧尉山

在胥門外七十里，光福鎮南，漢鄧尉隱居於此，東晉時青州刺史郁泰玄葬此，故又名玄墓。墓距鄧尉六里許，相連一山，今俗通稱玄墓，間呼鄧尉。四面郡山環繞，此山最爲雄壯，故獨著名。上有聖恩寺，遺跡勝景，多遭劫難，今有還元閣，尚可登臨，品茗遙望，太湖全景，歷歷在目。又有四宜堂，清康熙遊玩時，賜以「松風水月」四字。殿前庭中，有銀杏數顆，高大滿蔭，皆千年古物。中寺藏有邾輕鐘，及覺阿和尚「一蒲團外萬

梅花」畫冊，殊可寶貴。山人以圖爲業，尤多樹梅，故暖風入林，元墓探梅，爲遊玩光福之最。其餘石壁石嶁，司徒廟，銅觀音寺，虎山寺等，亦士女必遊之地。

鄧尉清奇古怪

詠玄墓山

　　　鄧尉山下梅花香，十三橋下數輕航，

　　　雪海一番風信過，武邱再訪玉蘭房。

　　　　　　　　　　　　　　　——蔡雲作

香雪海

　　在光福鎮西，銅井山腰，築一小亭，清康熙宋犖題名曰「香雪海」。四面梅樹滿植，香氣翁勃，仲春之間，遊人探梅，此處最盛，身入其中，宛如飄浮雪海。

司徒廟

　　在香雪海東，廟內樹本異突，中有古柏四株，清乾隆名曰「清奇古怪」。怪樹最異，半株脫離樹木，仆倒地上，並不生根，葉仍葱翠，想必地土厚沃之故。

石崿

在彈山，鎮之西南，有一小庵，庵前萬峯台，登台玩賞，花明鳥和。庵內翠竹四圍，憩坐室內，盡去途勞之苦。

石壁

過石崿，蟠螭山巔，中有平地，方三畝許，從上望之，如方池，循級而下，四週皆石壁如削，高數丈，內建精舍，僧侶修養，堪稱清靜。

銅觀音寺

鎮之西街，龜山之麓，初名光福寺，梁時建造，寺後有舍利塔七級。宋時鄉民於寺旁泥中，獲銅像觀音一尊，眾皆驚異，時值久旱，乃禱之卽雨。自是凡有亢旱，迎之祝禱，無不應驗。

虎山橋

在鎮之西北，界於虎龜兩山之麓，下有一湖名曰西崦。當夕陽西照，山青水綠，緩步遊覽，絕妙一幅畫景。

元墓看梅花

光福鎮諸山，多植梅樹，遊人不暗道途，往往未能徧歷，茲將探梅路徑載後。……由光福鎮三官堂，至費家河頭，抵銅坑，尋吟香閣遺址，過巉山頭，轉金魚

潤，登官山嶺，取董汾墓，謁玄墓山，從紫莊嶺，越鳳鳴崗，上崎崦嶺，訪司徒廟，遊香雪海，下潭東，憩石崒，道六浮閣，看太湖，拜五候公墓，覓石壁，歸綉毯山。……數十里梅花，歷歷在目，極探梅之大觀。

穹窿山

在胥門外四十餘里，過木瀆約九里，至善人橋上山，上有寺觀，梁天監年建，初名穹窿寺，後改上眞觀，多出得道之士。清初施亮生駐觀，重興殿宇，勢偉宏壯，共有五千零四十八間，爲江南大叢林之一。內有天將殿，其三十六像，傳係施亮生眞人，召天將至，令塑佛匠，在水缸中觀其形像而塑，故皆眞像，洪楊劫後，像皆被燬，僅存四五，餘皆重塑。其他玉皇殿、龍王殿、純陽殿等，皆甚巍峨，每年三、四月間，香汛甚盛。山頂有一平坦之處，方可百畝，上有煉丹亭、昇仙台，皆赤松子遺跡。最高處，曰三茅峯，狀如浮笠，俗呼箬帽峯，有一石龕，相傳張良從赤松子雲遊處。山之東嶺下，有一磐石，廣丈許，宋時朱買臣讀書故址，今曰讀書台。餘如雙膝泉、掛杖泉、法雨泉、百丈泉，亦均古蹟。

洞庭山

山有二，一名洞庭東山，一名洞庭西上，東山在胥門外西南八十餘里，位居太湖，從水道而行，又名胥母，相傳伍子胥迎母於此。山民種植菓樹爲業，如橘子、楊

梅、枇杷等物，山半有棲雲亭，下有雨花禪院，旁建樓閣，三面環山，一面臨湖，遊玩其中，景緻極佳。最高曰莫釐峯，登臨其上，全湖在望。西山相距東山十餘里，在太湖中，有包山、石公山、洞山，環抱左右，總其名曰西洞庭山。山較東山為大，名勝亦多，縹緲峯為最高，登其巔，吳越諸山，無不隱隱在目。另有碧螺峯，產茶甚豐，卽舉國所稱之碧螺春。其餘如龍穴，歸雲洞，林屋洞等，亦皆古蹟。

石湖串月

上方山畔，行春橋邊，畫舫蟻集，此蘇城八月十八日串月之盛會。紅男綠女，笙歌繚天，水光月色，相映成趣。是日黃昏，月光初起，照入行春橋洞中，其影如串。或云，十八夜串月，從上方山塔項鐵練中看出，是夜月之分度，適當鐵練之中，倒影於地，聯絡一串，亦是一說。考記載皆言串月在十八日夜，而近來遊人，均於十七日傍晚前往，十八日晨、各相鼓掉返家，不知何義。

石湖

蔡雲石湖串月詩

> 行春橋畔畫橈停，十里秋光紅蓼汀，
> 夜半潮生看串月，幾人醉倚望湖亭。

沈朝初石湖串月詩

> 蘇州好，串月看長橋，橋畔重重湖面闊，
> 月光片片挂輪高，此夜愛吹簫。

上方山

在胥門外，橫塘鎮，約數里，一名楞伽山，前臨石湖，上有楞伽寺，有塔七級，建於何時，無從查考，今奉五通神，吳俗以八月十七日夜爲五通神誕辰，四方士女，羣往進香，至十八日天明，附近各村，各划一船，泛棹於石湖之中，隨串月遊船而行，或紮綵綢，敲動鑼鼓，進出行春橋，矮凳橋，九環洞橋，週繞三匝，爲迎神之舉。

寶帶橋

在葑門外東南五六里，橋跨運河與澹台河之上，長壹千二百二十五尺，環洞五十三，每一橋洞，上面對立獅子兩個，橋西有關帝廟，旁有巨碑，橋洞排立如長帶，風景美麗。此橋係唐御史王仲舒售鬻所束寶帶以建造，故名寶帶。

寶帶橋

荷花蕩

　　在葑門外二里許，其東南接黃天蕩，附近居民，種荷爲業，綜亙數里，夏時遊人鼓掉，畫船笙笛，盪漿於荷花蕩中，觀荷納涼，花開雲錦，綠波微漾，爲避暑勝地。最好先一日預備一切，天未明下船，於旭日初升，露水未收時抵其處，則清香撲人，宛入瑤台仙池。

邵長蘅遊荷花蕩詩

　　　　六月荷花蕩，輕撓泛蘭塘，
　　　　花嬌映紅玉，語笑薰風香。

附言

一、本書原擬記載車輛價目，以便遊人不致枉費，但因
物價波動，難於肯定，放除去之以減麻煩。

二、關於遊玩路程，以及本地土產，暨食宿等處，皆載
於「導游」之中。

中華民國三十七年五月初版

版權所有　翻印必究

最新蘇州指南

基本定價拾元正

出版者　上海大中興地學社

發行人　佘民傑

發行所　大公書局

蘇州玄妙觀一百十八號

總經銷處　中國圖書雜誌公司

上海福州路三八四號

經售處　本外埠各大書局

廣告

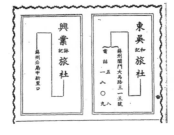

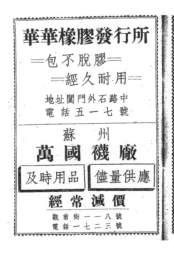

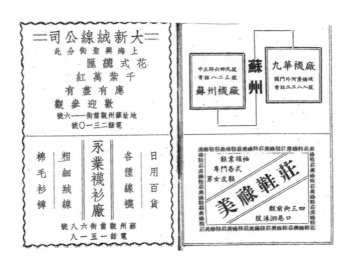
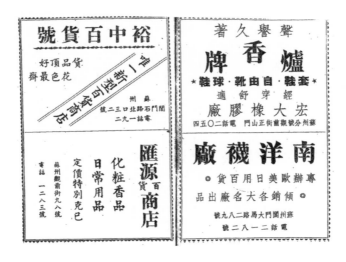

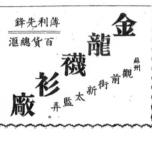

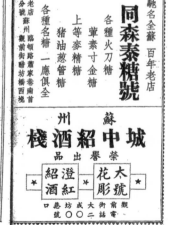

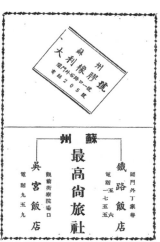
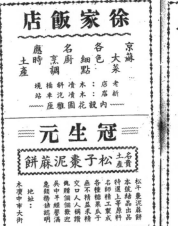

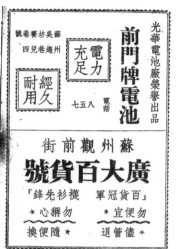

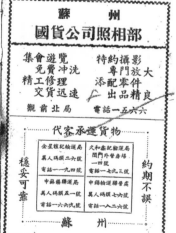

民國城市 02

中國近代歷史城市指南：
蘇州篇（二）
City Guidebooks of Modern China:
Suzhou Section II

作　　者　中央研究院近代史研究所
　　　　　城市史研究群　選編
總 編 輯　陳新林、呂芳上
執行編輯　林弘毅
封面設計　陳新林
排　　版　溫心忻

出 版 者　🦁 **中央研究院近代史研究所**
　　　　　11529　台北市南港區研究院路二段
　　　　　　　　128 號
　　　　　TEL：+886-2-2782-4166

　　　　　🛡 **開源書局出版有限公司**
　　　　　香港金鐘夏慤道 18 號海富中心
　　　　　1 座 26 樓 06 室
　　　　　TEL：+852-35860995

　　　　　🦅 **民國歷史文化學社**
　　　　　10646 台北市大安區羅斯福路三段
　　　　　　　37 號 7 樓之 1
　　　　　TEL：+886-2-2369-6912
　　　　　FAX：+886-2-2369-6990

銷 售 處　**源流成文化 股份有限公司**
　　　　　10646 台北市大安區羅斯福路三段
　　　　　　　37 號 7 樓之 1
　　　　　TEL：+886-2-2369-6912
　　　　　FAX：+886-2-2369-6990

初版一刷　2019 年 6 月 28 日
定　　價　新台幣 350 元
　　　　　港　幣　90 元
Ｉ Ｓ Ｂ Ｎ　978-988-8637-05-8
印　　刷　長達印刷有限公司
　　　　　台北市西園路二段 50 巷 4 弄 21 號
　　　　　TEL：+886-2-2304-0488